孩子的好习惯是这样培养的

孙浩 编著

中国华侨出版社
·北京·

图书在版编目 (CIP) 数据

孩子的好习惯是这样培养的 / 孙浩编著 . — 北京：
中国华侨出版社 , 2007.12（2024.2 重印）

ISBN 978-7-80222-464-3

Ⅰ .①孩… Ⅱ .①孙… Ⅲ .①儿童 – 习惯 – 培养
Ⅳ .① B844.1

中国版本图书馆 CIP 数据核字（2007）第 199045 号

孩子的好习惯是这样培养的

编　　著：孙　浩
责任编辑：唐崇杰
封面设计：朱晓艳
经　　销：新华书店
开　　本：710 mm × 1000 mm　1/16 开　　印张：14　　字数：185 千字
印　　刷：三河市富华印刷包装有限公司
版　　次：2007 年 12 月第 1 版
印　　次：2024 年 2 月第 2 次印刷
书　　号：ISBN 978-7-80222-464-3
定　　价：49.80 元

中国华侨出版社　北京市朝阳区西坝河东里 77 号楼底商 5 号　邮编：100028
发 行 部：（010）64443051　　传　　真：（010）64439708
网　　址：www.oveaschin.com　E－m a i l：oveaschin@sina.com

如果发现印装质量问题，影响阅读，请与印刷厂联系调换。

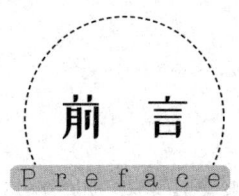

前　言

Preface

　　教育孩子是每一位家长最重视、也最头痛的问题。是啊，成长期的孩子好像一棵树苗，歪枝邪杈的出现是难免的，关键在于家长要以正确的教育理念和恰当的方式去规范和引导孩子，要找到家庭教育的突破口。

　　从培养孩子的好习惯入手，就是这样一个突破口。

　　许多家长更注重孩子的学习成绩，实际上，成绩固然重要，良好习惯的养成更加重要。因为好习惯不仅有助于提高孩子的成绩，还能让孩子在待人接物、日常生活、说话做事等各个方面做得更好，进而让自己的人生之路走得更加顺畅。

　　孩子良好习惯的养成需要正确的方法。贪吃贪玩、注意力不集中等是大多数孩子的共同特征，要想改变这些坏习惯，养成爱动手、有条理、主动学习等的好习惯，仅靠简单说教甚至打骂是行不通的，必须辅之以良好的心态和科学的方法。

　　培养孩子的良好习惯，说起来是一码事，实际做起来是另一码事。因为孩子的情况千差万别，孩子成长的环境各不相同，任何简单化、形式化的做法都会导致家长的努力大打折扣。这就要求家长们在认识上、方法上首先提高自己，学会更加理性、科学地教育孩子。

在如何培养孩子的好习惯这个问题上，本书重点在以下几个方面给出了忠告：

第一，认识到位：习惯对孩子一生成败有关键性的影响

培养孩子的好习惯，首先需要父母深刻认识到习惯对于孩子一生的影响。孩子的好习惯不会从天而降，而是一步一步养成的，如果父母根本不注意孩子日常生活中的小习惯，不去有意识地纠正孩子的坏习惯、培养好习惯，那么孩子的人生必定在不良习惯的左右下难有大的作为。

第二，走出误区：错误的方式不利于孩子良好习惯的养成

要想让孩子养成各种有利于人生成长的好习惯，家长必须改正一些经常使用但又十分错误的教育方式。这种教育方式在潜移默化中放大了孩子性格中的消极因素，促成了许多不良习惯的养成。

第三，找对方法：合同式教育是培养孩子良好习惯的新途径

有的家长可能说，这也不行，那也不好，到底用什么方法可以教育孩子养成良好的习惯呢？事实上，在这个问题上没有什么灵丹妙药，在上、中两篇中我们主要阐述了与习惯养成的相关问题，以使家长对此问题的思考和探索更加深入。同时在本篇里我们重点介绍一种合同式的教子方式，希望为家长们培养孩子的好习惯有更加直接的参考价值。

如果说人生的成长是孩子必须走过的独木桥，习惯就是这座桥上的护栏。建造、加固好这些护栏，是家长义不容辞的责任，也是孩子顺利到达彼岸的保障。

目 录
Contents

认识到位

习惯对孩子一生成败有关键性的影响

　　培养孩子的好习惯，首先需要父母深刻认识到习惯对于孩子一生的影响。孩子的好习惯不会从天而降，而是一步一步养成的，如果父母根本不注意孩子日常生活中的小习惯，不去有意识地纠正孩子的坏习惯、培养好习惯，那么孩子的人生必定在不良习惯的左右下难有大的作为。

第一章　性格决定习惯

　　对孩子而言，习惯不是孤立存在的，性格因素对个人习惯影响尤其重大。一个性格好动、脾气火暴的孩子往往有丢三落四的坏习惯，反之亦然。所以，家长要想培养孩子的好习惯就要从性格特点入手，对症下药。

第二章　习惯决定命运

　　习惯往往是在不自觉中支配人的行为，因此，好的习惯可以让你在不自觉中做对事，坏的习惯则让你在不自觉中做错事。于是，一个人往往在不自觉中走向了命运的不同归宿。认识到习惯对于命运在一定程度上的决定作用，父母在培养孩子习惯的过程中才能发挥更加积极的作用。

第三章　好的学习习惯比好的学习成绩更重要

　　习惯重要还是成绩重要？在许多父母眼里答案是不容置疑的：当然成绩重要，有了好成绩才会考入好学校，也才会有远大前程。事实上这种理解相当狭隘，古人说授人以鱼不如授人以渔，好的学习习惯就是一种高效率的工具，而有了这一工具，好成绩不过是囊中之物。

走出误区

错误的方式不利于孩子良好习惯的养成

要想让孩子养成各种有利于人生成长的好习惯，家长必须改正一些经常使用但又十分错误的教育方式。这种教育方式在潜移默化中放大了孩子性格中的消极因素，促成了许多不良习惯的养成。

第四章　过于溺爱会让孩子习惯于任性而依赖

现在一般家庭尤其城市家庭大多只有一个孩子，往往形成父母加上爷爷奶奶几个人围着一个孩子团团转的现象，于是溺爱不期而至。在溺爱中成长的孩子思想和行为方式带有明显的任性、依赖的习惯特点，这对他以后生活的影响是十分不利的。

第五章　不要把表扬和鼓励作为唯一的手段

　　众多的教育专家不断告诉家长们，要更多地使用表扬的方式鼓励孩子，不要动辄呵斥，这会扼杀孩子的创造性并造成沟通的障碍。道理是不错，但有的家长运用起来就成了只有表扬，孩子犯了明显的错误也得不到及时、明确地批评，这会让孩子混淆是非观念，并助长其娇气的滋生。

第六章　一味高压管制塑造不出良好的习惯

　　有的家长在教育孩子的方式上一派高压作风，孩子只能完全按照家长的意愿行动，稍有差错便招来指责训斥。长此以往，孩子便会丧失独立性，养成凡事看别人眼色的习惯，这显然不是家长愿意看到的。

找对方法

合同式教育是培养孩子良好习惯的新途径

　　有的家长可能说，这也不行，那也不好，到底用什么方法可以教育孩子养成良好的习惯呢？事实上，在这个问题上没有什么灵丹妙药，在上、中两篇中我们主要阐述了与习惯养成的相关问题，以使家长对此问题的思考和探索更加深入。同时在本篇里我们重点介绍一种合同式的教子方式，希望为家长们培养孩子的好习惯有更加直接的参考价值。

第七章　培养孩子学习与思考习惯的合同

　　作为孩子来讲，学习始终是他生活中的一大主题，那么学习习惯与思考习惯的养成就显得尤为重要。就孩子的身上的相关问题，与之签订一些有针对性的合同，会有助于这些好习惯的养成，进而提高他的思维和学习能力。

第❽章　培养孩子待人接物与日常生活习惯的合同

　　我们都喜欢待人彬彬有礼生活中井然有序的孩子，相反，那些分不出长幼尊卑，书包、衣服、玩具总是乱成一团的孩子总会让你皱起眉头。但这并非孩子的错，一定是家长的教育理念和方式出了问题。跟孩子签一份合同试试，也许会让孩子在待人接物以及日常生活的诸多习惯都能有所改观。

第九章　培养孩子做人做事习惯的合同

做人做事这个题目放到孩子身上似乎大了些，但是要知道，一个人做人做事的诸多习惯大多数是从小养成的，如果不从现在抓起，等他长大成人，一些坏习惯影响他的生存与发展时就晚了。有意识地跟孩子签一些这样的合同，在养成良好习惯的同时，让孩子成长得更加健康。

上篇

PART 1

认识到位

习惯对孩子一生成败有关键性的影响

　　培养孩子的好习惯，首先需要父母深刻认识到习惯对于孩子一生的影响。孩子的好习惯不会从天而降，而是一步一步养成的，如果父母根本不注意孩子日常生活中的小习惯，不去有意识地纠正孩子的坏习惯、培养好习惯，那么孩子的人生必定在不良习惯的左右下难有大的作为。

第一章

性格决定习惯

对孩子而言，习惯不是孤立存在的，性格因素对个人习惯影响尤其重大。一个性格好动、脾气火暴的孩子往往有丢三落四的坏习惯，反之亦然。所以，家长要想培养孩子的好习惯就要从性格特点入手，对症下药。

1. 让责任感成为孩子性格的一部分

"不懂事"、"对家庭缺少责任感"是人们对一些孩子的评价。现在的孩子大多是独生子女，是父母的宝贝，从小就是要风得风，要雨得雨，因此养成了以自我为中心、不体贴父母、不关心家庭的性格。作为父母，你有必要让孩子明白，家庭也需要让孩子做些什么，父母没有能力无限度地满足他们的要求。

一位父亲讲述了这样一件事：他的儿子是一个很不错的孩子，至少在学习上没让他费过心，只有一件事让他为难：孩子花起钱来大手大脚，每隔几天就向父母要钱，夫妻二人怜惜孩子，几乎每次都满足他的需要。可最近一段时间妻子下岗了，自己单位的效益也不是很好，一天，孩子向他要五百元，说是要买一双运动鞋，另外还要请同学吃麦当劳，他觉得不能再对孩子予取予求了，于是就委婉地向孩子解释家里的情况："你妈妈下岗了，我的单位也一年不如一年，所以你要懂事，花钱别大手大脚了！""这关我什么事！"儿子粗暴地打断了他的话，"您快点给我钱，供养我是您的义务！"这位父亲目瞪口呆，他实在想不到孩子对他们竟然这么冷漠，对家庭竟然没有一点责任感。

听了这个故事，不知家长朋友有什么感受？生活中，像这样对家庭缺少责任感的孩子并不少见。那么，孩子如果不尊重父母的劳动，缺少责任心该怎么办呢？下面是一位妈妈巧妙地以强扮弱，改变儿子不良性格的例子，各位家长不妨借鉴一下。

林女士家境富裕，一天她的儿子向她要 300 元办生日聚会，她开玩笑地问了一句："儿子，你总向妈妈要钱，花起钱来也大手大脚，可有一天妈妈没钱了怎么办？" 11 岁的儿子回答说："那你就去赚啊，这不是我该关心的事吧？"林女士大吃一惊，她发现儿子丝毫没有为家庭着想的概念，她认为自己必须改变这一点。林女士向公司请了三个月的长假，然后对儿子说："妈妈失业了！从今以后爸爸要一个人供你上学、供车子、供房子，还要养妈妈和奶奶，你也长大了，该学会帮爸爸妈妈分忧了！"为了让儿子相信，她还陆续向儿子借了几次钱，因为她"没钱买菜"。一个月后，她发现儿子彻底变了，见到儿童玩具他不再缠着妈妈买，一起逛街时，如果林女士对哪件漂亮衣服多看几眼，他还会安慰妈妈："别看了，看了又买不起，等我长大赚了钱，一定会买很多衣服给你，但现在不要给爸爸增加负担了！"还有一次，她手边没有零钱，就给儿子一张五十元，让他自己去吃早餐，结果儿子含着眼泪问她："你把钱给了我，还有钱买菜吗？"看着儿子一天比一天懂事，很多时候还主动询问爸爸工作的情况，林女士很欣慰，不过她也在想是不是应该提前结束假期了，因为儿子渐渐有点吝啬的倾向了。

林女士使用的方法很有趣，在增强孩子责任心方面也起到了不错的效果，这招以富扮穷，由强扮弱看来还是相当有效的。如今，我们绝大部分家庭都有比以往更好的生活条件，大多数的父母都喜欢对孩子说："现在生活好了，我们不需要你为家庭操心，只要你做个好学生，将来有作为，我们再苦再累也心甘情愿。"父母们认为：现在条件好了，我们要为孩子争取一切可能的机会，为孩子提供最好的学习条件，给孩子最好的生活待遇，使孩子能出类拔萃……其实，这样的情况，往往会事与愿违。越是怀着这种心态对待孩子，孩子越会辜负父母的期望。所以，我们要让孩子明白，作为家庭组织中的一员，他对家庭是负有一定责任的。

瑞恩夫妇是一对在读博士，在攻读博士学位前他们已经有了一个8岁的儿子吉姆。吉姆聪明伶俐，唯一的"毛病"就是喜欢吃零食。在他还不满4岁的时候就知道拉着爸爸妈妈到不远处的百货店。

每次遭到爸爸妈妈的拒绝，小吉姆就哭闹不止，大有不达目的誓不罢休的势头，瑞恩夫妇纵然是满腹经纶也奈何不得他。有一次，小吉姆又要让爸爸给他买糖果，爸爸说："亲爱的吉姆，爸爸可以答应你的要求，但是你也要答应爸爸一个条件。"

"什么条件？"小吉姆满脸疑惑。

"你现在买糖果的钱和你在幼儿园上学的钱都是属于爸爸妈妈的，可我们以后也要上学，所以你每花费一分钱爸爸都会记下来，等你长大后也要还给我们，供爸爸妈妈上学。"爸爸说。

小吉姆似懂非懂地答应了。从此，吉姆每花费一分钱爸爸就提醒他一次"这些钱以后你要还给我们。"7岁的时候，小吉姆已经不再乱花钱了，他的小脑袋里除了功课外，已经开始琢磨怎样才能依靠自己的力量挣钱，将来供爸爸妈妈读书了。

很快小吉姆8岁了，瑞恩夫妇开始攻读博士学位。随着年龄的增长，小吉姆的思维也开阔起来，有一天，他忽然想起奶奶曾经说过："小孩子能使用简单的劳动工具后，就可以找寻打零工的机会了，诸如帮社区邻居送报纸、铲除车道上的积雪等。"吉姆想到这里兴奋不已，因为这里刚刚下过一场大雪，而且他已经会使用铁锹了。

第二天一早，小吉姆就按响了一对老夫妇家的门铃。

老太太打开门后，发现门口站着一个小男孩。

"你好，"小男孩有礼貌地说："我叫吉姆，我来帮你们铲雪好吗？这么早就过来，会不会打扰到你们？"

老太太亲切地说："不会！我们也是很早就起来了……"说着，对着屋内喊道："老头子！我们的车道铲雪工作，就决定交给这位小男孩喽！"

"你年纪这么小，就这么积极地打工，将来长大一定很有成就。"老太太说，"你怎么利用自己赚来的钱？是要把它们存起来？还是拿去买糖果？"

小吉姆兴奋地说道："我赚钱不是要买糖果用的。我爸妈都还在念书，我赚的钱，先赞助他们交学费！等我将来长大，他们答应也会帮助我读大学。"

小吉姆工作结束后得到了10美元报酬。

瑞恩夫妇对孩子的教育是十分成功的，他们让孩子参加到具体的家庭事务中，还给他设定了一个伟大的目标："供父母上学"，结果吉姆小小年纪就具有独立能力和责任感，而这两个特征对每个孩子都非常重要，也恰恰是很多孩子都缺少的。

俗话说：穷人的孩子早当家。在过去艰苦的环境中，孩子普遍知道生活的不易，自己必须替父母承担一部分责任，尽自己的义务为家里减少生活负担，从而感受到自己应当承担的责任，希望有一天能够为父母解忧去烦，这一切都使孩子从小看到自己生活的意义，看到自己的行为能为他人带来影响，感到自己是有用处的，从而产生自豪感和责任心。

而现在，我们的家庭已经没有了这种普遍的基础，孩子生活在无忧无虑之中，根本搞不清楚自己对父母、对家庭、对社会的责任感与使命感从何而来。

一个没有责任感、没有价值感的孩子，因为找不到自己的生命在社会中的地位与重要性，便会感到迷惘，而失去努力成就的动力，更容易为其他一些物质性的、轻浮的事物所吸引，进而沉溺其中。因此，我们要利用扮弱巧妙地培养孩子的责任感，让现在的"富孩子"也能早当家。

"负责"作为一种性格特征是可以培养的，父母可以向孩子讲一讲家事的烦琐，工作的困惑，让孩子从小就懂得父母之不易，生活.之艰辛，这对增强孩子的责任心大有益处。

2. 纠正孩子自卑的性格弱点

生活中，很多孩子都存在着自卑心理，他们看不到自己的长处，总觉得自己不如别人。他们对自己各方面的评价都很低，有的孩子甚至在父母面前也会感到自卑。这种自卑性格会给孩子带来极其严重的影响。试想，一个瞧不起自己的孩子，怎么能获得成功呢？因此，家长们就应该想办法帮孩子建立起自信心。

君君是个 16 岁的女孩子，刚刚升入重点高中，她性格内向，有很深的自卑心理。妈妈抱怨说:"我不知道这孩子一天到晚在想什么?别人的孩子都那样自信活泼,可我的孩子却……"君君到底在想什么呢?请看她的一段内心独白:"上了高中后,我心里常被一些说不清、道不明的莫名其妙的感觉袭扰,并且越来越严重。有时心里空荡荡的,没着没落;有时又乱哄哄的,不知应该做些什么。同学们都在争分夺秒地学习,准备升学,可我听课时安不下心,作业懒得完成。我这样一个无用的人,将来能做些什么?升学,我能考上吗?经商,我哪有这样的天赋?靠弹钢琴挣钱养活自己,可我又哪有那么大的能力呢?同学们整天都在忙忙碌碌、紧张地学习,空闲时间还三五成群、欢呼雀跃地参加文体活动及各种竞赛,可我无论做什么事都犹犹豫豫、忧心忡忡,拿不定主意,经常因为害怕失败而退避三舍。我终日六神无主,心灰意冷,学习成绩不断下降,听课、写作业成了一种负担,只能靠画画打发时间。生活是这样索然无味,我真心希望自己将来能有所作为,至少成为一个能自食其力的人,可我又总是缺乏把一件事坚持做到底的信心,因为我不相信自己有做好一件事的能力。在同龄人面前,我总感到自己比别人矮一截,有时甚至觉得别人看我的眼神都是鄙视和冷漠的。像我这样一个多余而毫无价值的人,生活在这个世上还有什么必要?真不如死了的好……"

儿童心理学家告诉我们,孩子的自卑往往是由于自我评价过低导致的。一些性格自卑的孩子,往往认为自己处处不如人,这也不好,那也不行,比如这个故事中的君君,就是把自己贬低的一无是处。而事实上,她既然能考进重点高中,起码她的学习成绩就应该不错;她会弹钢琴、会画画,说明她应该是个多才多艺的女孩子,但她却偏偏看不到这些,反而沉浸在自卑的情绪里。一个人认为自己是怎样的人比他真正是怎样一个人更重要,因为每个人都是按他认为自己是怎样的一个人而行动的。自卑者不能全面、客观地评价自己,他们往往拿自己的缺点和别人的优点相比,看不到自己的"长处"和"过人处",却对自己的短处和缺陷妄加评判,形成消极的自我概念。这是一种认知悲剧。

那么怎样才能帮孩子建立自信呢？心理学家认为，要做到这一点，首先就得让孩子喜欢自己、悦纳自己。

（1）告诉孩子，不是只有你自卑

著名的精神分析家阿德勒曾说过，所有的人都有那么一点自卑，无论他是高官巨贾还是市井平民，概莫能外。也就是说自卑感是一种普遍存在的心理状态。其实适度的自卑可以使人认识到自己的不足之处，从而激发自己奋发向上，拼搏进取。因此，自卑感及其对它的克服、超越，可以使人完善自我，是人走向成功的起点和桥梁。如果没有自卑感，也就没了进取心。其实人人都会产生自卑，只是程度不同而已。所以，要正确对待自卑，不要只看到自卑的危害，更不能因为自己自卑而自卑。

（2）引导孩子全面地评价自己，澄清认识

一些孩子在做自我评价时，往往只看到缺点，看不到优点，而且有时评价的也不够全面。比如，孩子常会这样说："我笨死了，学习成绩不好！""我不够聪明，总是反应慢！"其实评价应该是多角度的，不能只看学习成绩。孩子应从以下几个方面分析评价自己：①学习能力，如观察力、记忆力、思维力、创造力、想象力和实践能力；②特殊能力，如绘画、音乐、书法、写作、体育运动等；③学习态度方面，如兴趣、爱好、勤奋、竞争意识和独立性等；④人品和个性特征，如自我控制和自我调节以及道德品质、理想信念等。家长可以引导孩子自评和他评，让孩子列举出自己的优缺点，把它们写在一张卡片上；再请其他的同学在另一张纸上列出孩子的优缺点，两者比较，以得出比较客观的结论，并提醒孩子多注意自己的优点，增加自信心。这样孩子就会欣喜地发现，原来自己有那么多的优点，并不是一无是处的。

（3）教孩子一招自卑补偿法

家长应教育孩子在遇到挫折的时候，从多角度辩证地看问题，形成"合理化认识"。如，当考试成绩差时，可以强调考试时临场发挥不好或考试环境不利等其他外在原因，以减轻自身的压力。同时要教孩子利用自卑补偿法和转移等心理防御机制以保持心理完整或平衡，认识到某一方面的缺陷和不足可以通过其他方面的完美和丰富进行补偿和纠正。通常可以使孩子从两个方面进行心理补偿，一是以勤补拙。如果某方面的不足，是由于自己努力不够而潜力没有充分发挥，那么就以最大的决心和毅力去使缺陷变为完美。二是扬长避短。如长相平平，就可以用优异的成绩来补偿；学习一般，可以通过训练，诸如书法、雕刻、绘画、音乐等获得他人所不及的特殊能力。"失之东隅，收之桑榆"，理智地对待缺陷，寻找合适的补偿目标，从中汲取前进的力量，就能把自卑转化为一种奋发图强的动力。

（4）让孩子多给自己一些积极的暗示

著名心理学家莫顿曾提出"预言自动实现"的原则，认为人们具有一种自动实现预言的倾向。他相信，在我们的心灵的眼睛面前，长期而稳定地放着一幅自我肖像，我们会与它越来越接近。所以，如果我们把自己想象成胜利者，将带来无法估量的成功。当感到信心不足时，孩子应该给自己进行积极的自我暗示，把"没什么可担心的，我也行"、"我一定能成功"之类的话写下来，或者大声说出来。

（5）给自卑的孩子更多的关注

自卑的孩子其实渴望别人的关怀和关注，特别是老师和家长的关注。所以，我们应适时地满足孩子的心理需求。

萧萧貌不出众，胆小畏缩，上课很少回答问题，喜欢一个人在教室里呆坐。在一次手工课上，老师让大家做纸飞机，萧萧一点也不会，老师过去教他，可他还是不会。全班小朋友一起喊："老师！让萧萧上台去做。"老师原本怕伤了他的自尊心，正打算制止他们，却见萧萧显示出从没有过的开心，和同学推挤嬉笑。老师顿然明白，萧萧的自卑也许正是因为从来没有像今天这样备受关注。

（6）多给自卑的孩子一点表扬

对自卑的孩子，父母或老师应适当降低对孩子的要求，不要太过苛求孩子。对他们正在做的好事或平时的点滴进步，都应及时予以表扬或肯定。

假如孩子捏了一只狗，那么你最好不要过多地挑剔这里不好，那里不像，而应对孩子的每一成功之处予以发现并做出由衷的赞赏："看，那狗的尾巴捏得真好呀，好像是真的一样！"这样孩子就会越来越有自信。

菲菲是个自卑的孩子，在一次绘画课上，菲菲在画纸上画了一个会飞的小人。小朋友们看了哈哈大笑，都说菲菲笨！菲菲低着头，脸红红的。这时老师拿起菲菲的画，脸上露出满意的表情说："菲菲的想象力真丰富，她是画了一个外国的小朋友，飞来我们这个城市玩的，老师猜对了吗，菲菲？"菲菲深深地点了点头。下课后，菲菲跑到老师面前说："老师，谢谢你！"听到菲菲的这句话，老师很高兴，因为孩子的肯定是最珍贵的。当然，需要强调的是，你应该让孩子觉得：你对他的表扬完全是诚恳的，而不是应付的、客套的，这样孩子才会真正相信自己是值得别人喜爱的。

（7）给自卑的孩子一个表现的机会

老师在上课的时候，应当尽量让他们回答容易回答的问题，组织集体活动或游戏时，也要分给他们角色，给予他们更多的表现机会。

小雪胆怯而害羞，常常一个人坐在角落里发呆，不敢与人交往。细心的老师发现自卑的小雪特别喜欢小动物且想象力丰富，还知道各种小动物的生活习性。在班级的一次故事会上，老师就安排小雪给同学们讲有关小动物的故事，全班的同学都听得入神，并情不自禁地鼓起掌来，有的同学喊着："小雪，太棒了！"小雪高兴地笑了。从此，她也不再只是角落里的小雪了，她变得喜欢交往，喜欢回答问题了，语言表达能力也有了很大的提高。

父母们在发现孩子有自卑倾向时，就要积极地引导教育孩子，告别自卑，让孩子的性格自信开朗起来。

3. 培养孩子不惧困难的个性

生活中很多孩子害怕遇到挫折，这种不良性格使得他们无法面对挫折和失败。而事实上没有谁能不经挫折就取得成功，所以有畏难性格的孩子也将与成功绝缘。

在生活中，困难和挫折是不可避免的，一些孩子信心丧失、沮丧、气馁是由于他们做不成喜欢做的事，在挫折面前产生了畏惧心理，丧失了克服困难的信心。心理学家认为：丧失信心的理由有千万条，但根本的原因只有一条，那就是学不会、做不好或觉得自己做不好。一旦做不好，信心就会丧失，倦怠、懒惰的情绪也随之产生，造成学不会——没信心——没兴趣——更学不会的恶性循环。

孩子之所以会一遇挫折就灰心丧气，自暴自弃，其根本原因还是在于教育方式。许多家长认为孩子还小，而且就这么一个，不能让他累着，更不让孩子做些力所能及的事情，事事都包办代替，孩子从小养成了衣来伸手、饭来张口的习惯。每当遇到一点困难，孩子就会叫父母、爷爷奶奶帮忙，从小就养成了依赖、懒惰的思想。这样教育出来的孩子，能有克服困难的信心和勇气吗？

畏难是人的心理的一种消极的心理体验。不光孩子有，许多成人也有。如果家长是一遇到困难就退缩的人，孩子在父母的耳濡目染下，也会学到一遇挫折就自暴自弃、消极等待的态度。因此要想孩子具有不怕困难、顽强的毅力，家长首先要以身作则，遇到问题不推诿、不退缩。

畏难心理也是孩子缺乏自信心的表现。有的家长在对孩子进行教育时，不是恰当地根据孩子的能力来提要求，对孩子的期望值过高，这样孩子往往达不到要求。这时，如果家长不问青红皂白横加指责的话，孩子就会感到自己很无能，丧失信心，以后一遇到困难、挫折也不动脑筋，心想自己反正不行，想也没用。

父母首先要从自己做起，给孩子树立不屈不挠、勇敢顽强的榜样。不要让孩子做他无能为力的事情，经常让孩子获得成功的体验，这样有助于孩子树立自信心。不要过分保护和溺爱孩子，不要当孩子一遇到点小困难就给他帮助，而应该鼓励他自己想办法解决。和孩子一起分析困难到底难在哪里，以便找出化解困难的办法。要通过真实事例让孩子知道，在困难、挫折面前唉声叹气并不会降低困难、减少失败，灰心丧气只会增加自己的痛苦。

曾经有一个 1 周岁左右的小男孩，被年轻的妈妈牵着小手来到公园的广场前，等到要上有十几个阶梯的台阶时，小男孩一下子挣脱开了妈妈的手，要自己爬上去。他用胖胖的小手向上爬，他的妈妈也没有抱他上去的意思。当他爬上两个台阶时，他就感到台阶很高，回头看一眼妈妈，妈妈没有伸手去扶他，只是眼睛里充满了慈爱和鼓励。小男孩又抬头向上看了看，他放弃了让妈妈抱的想法，还是手脚并用小心地向上爬。他爬得很吃力，小屁股抬得老高，小脸蛋也累得通红，那身娃娃服也被弄得都是土，小手也脏乎乎的，但他最终爬上去了。年轻的妈妈这才上前拍拍儿子身上的土，在他那通红的小脸蛋上亲了一口表示赞赏。

当孩子面对生活的种种挑战时，袖手旁观是不可能的。对孩子的爱和担心，会使父母身不由己地去帮助孩子，自然而然地去给他们保护，让他们少犯错误，帮他们权衡利弊，以便作出较为理想的选择，可以说这是做父母的一种本能反应。但也正是父母这种本能的过分呵护，让他们的孩子长成了脆弱的青年，这是一件很可惜的事。

父母们应该看到这一点，当你替孩子解决麻烦的时候，便也剥夺了孩子自己体验成败的机会，从而也纵容了孩子的依赖性，让他们无法从生活中体验战胜挫折后的自信。人在一生中将会遇到很多困难，父母不能永远充当孩子的保护伞。因此，当孩子遇到困难不知所措时，家长应该鼓励孩子勇于面对困难，让孩子转动脑筋，充分利用智慧自己去解决，而不是父母亲自动手为孩子扫平道路。用你的鼓励，从小培养孩子直面挫折的意识和坚强地承受挫折的能力，方能有效地激发孩子生命的能量，使他们的自信力、创造力在危急与困难时刻发挥到极致，增长孩子竞争取胜的才干和驾驭生活的能力，而父母也少了许多不必要的麻烦。

除了修正自身的做法外，我们还一定要帮助孩子建立一个观念——失败只是意味着缺乏技术和经验，和"人"的价值高低无关，失败只是代表某个阶段的结果，习得经验后便逐步迈向成功。

我们必须教导我们的孩子勇敢地接受自己不完美的事实，可以失败，然后从中学习，再出发，而不是一两次无心的过错或思虑不周造成的失败就加以责骂，造成他们自我印象的低落甚至毁灭，接踵而至的会是一连串的失败，没有成功。

给孩子讲一些名人不怕困难、不怕失败最终做出重大贡献的例子。在孩子遇到挫折时，要鼓励孩子树立信心，不灰心丧气，勇敢面对困难。当孩子通过自己的努力，尝到成功的喜悦后，孩子克服困难的信心就会增加。家长应注意帮助孩子吸取经验教训，让孩子在每次遇到困难后，总结一下困难的类型，克服困难的方法，以后遇到同样的问题就会顺利解决了。良好的意志品质是实现目的、事业成功的根本保证。因此，培养孩子良好的意志品质就显得非常重要，从生活的一点一滴做起，如：孩子摔倒了不要立即心痛地去扶他，而要让他自己爬起来。家长要让孩子了解，人生道路上人人都会遇到困难，困难本身并不可怕，可怕的是丧失了克服困难的勇气和信心，应该以坚强的意志去面对生活中遇到的各种挫折。

更重要的是抓住孩子受到挫折的机会，对孩子进行教育，当孩子渡过这一次危机，他也就敢于迎接挫折的挑战了：

①父母应帮助孩子拥有一颗平常心，以自然的态度对待荣辱。要让孩子知道，生活中荣誉和挫折是并生的。生活中会常有不如意的事情，如果连一点小小的挫折都受不了，如何面对以后漫漫人生中可能会发生的更大的挫折和坎坷？

②鼓励孩子跌倒后自己爬起来，父母要教育孩子，只有靠实力去竞争才能争取到自己想要的东西，胜利与成功不是别人的恩赐，不是对别人的乞求。幸福是劳动的果实，只有坚持不懈地奋斗，只有不断克服困难，不断吸取教训，跌倒了自己顽强地爬起来，才能获得成功。

③孩子的失败是个事实，父母首先要承认。如果父母都不能正确对待，更别说孩子了，因此这个问题的解决就更加困难了，孩子的失败是孩子自己的事情，父母是无法包办代替的，不要由父母自己出面来解决，更不能找老师无理取闹，否则，只会使问题变得更复杂，更难以解决，使孩子陷于更大的尴尬之中，只有父母承认孩子的失败，才能客观地帮助孩子分析失败的原因所在，才能帮助孩子找到解决问题、克服困难的办法。

④在生活中对孩子进行挫折教育，现在的孩子大多是独生子女，生活环境和条件非常优越，真正是在蜜水中泡大的，他们很少体验到挫折，缺乏面对挫折的心理准备，也缺乏解决挫折的勇气和能力。因此，在日常生活中，在平时的教育中，家长应有意识地设置一些困难的情景，磨炼孩子的意志，使孩子做好面对困难和挫折的心理准备，培养一定的解决挫折的能力，只有这样，孩子才不会临阵慌张。

当你的孩子遇到挫折和失败的时候，不要对你的孩子失去信心，要鼓励他、安慰他，有意识地培养孩子对失败的承受力，不要对孩子责骂或大吵，使孩子的自信心受损伤，甚至遭到摧毁。

人生其实就是一场面对各种挫折的漫长战役，因此父母们一定要让孩子告别畏难的性格，鼓励孩子独自承受挫折，而这也将是孩子未来在社会上生存的最大资本。

4. 自私自利的性格会影响孩子的未来

自私使得孩子过分地关心自己，只注意自己的欢乐和幸福，很少考虑他人，一切以满足自己为主。自私自利的性格对孩子危害很大，要及时纠正。

张明在家里非常任性，全家无论什么事情都得依着他，对于家人的教育，他根本都不听。如果有什么事不顺他的心，就闹个没完没了。在学校和同学相处得也不好，常为一些小事与同学互不谦让，发生矛盾。张明的这种表现就是自私自利。

孩子自私自利，往往表现在只顾自己，不管他人，一切以自我为中心，有所谓："各人自扫门前雪，哪管他人瓦上霜"的性格特征。或者在金钱和财物上各啬贪婪，自己的东西就不愿与人分享，而别人的东西却是拿得越多越好。这样的孩子常常令人生厌，很难与人交往，因此也就很难获得知心朋友。过分自私自利的孩子，还会在父母有事情的时候，因为自己得不到照顾而对父母发火，使父母伤心流泪。这样的事件在现实生活中确实出现不少。

产生自私自利的原因，一方面是由于孩子有天生的利己倾向。在孩子心理发展未达到成熟阶段的时期，其往往单纯地确定"我即世界"，这种以"自我为中心"的想法虽然随着时间和经历的推移，已逐渐成为接纳他人和减少利己的行为，但仍固执己见，不能接受公正、正确的意见。于是，孩子衡量外界的标准便是是否有利于他，相应的行为也如此。另一方面是因为父母在孩子成长过程中的错误教育所造成。有的父母对孩子的思想、行为反复无常、表里不一，当孩子犯错误时便嘲讽、鄙视，使孩子产生了畏惧心理，孩子就只能封闭和回避他人的交往，缩回到自己的小天地里，结果必然导致孩子自私。此外，现在的家庭大多只有一个孩子，父母以及长辈容易集万千宠爱于一身，处处迁就孩子，容易使孩子从小就意识到"我想要什么就能得到什么，得不到只要一哭一闹也能得到。"于是就容易产生过分的占有欲望以及自大、独尊的心态，时时处处都要别人迁就，常常会提出一些无理要求。

自私的孩子，其行为对谁都有弊无利，父母应予以重视，及早预防：

父母对孩子应该加以积极正确地教育和引导，树立孩子正确的物质观念。让孩子学会与朋友分享一些东西，尝试一下"给予"、"付出"所带来的快乐。平时父母要适当地训练孩子热爱劳动的好习惯，不要让孩子有"事事都依赖父母"的思想。要训练孩子学会关心他人，体谅父母的辛苦，帮助父母做一些力所能及的事情，例如帮父母洗碗、扫地、擦桌椅等。在孩子吃东西方面，还要告诉孩子一定要把食物分成三份，一份给自己吃，一份留给爸爸，一分留给妈妈，不要一个人独自享用。如果家里还有爷爷奶奶和外公外婆，那么要把好吃的东西分成同等的几份，让每人都有一份。家里有客人来了，父母更要让孩子学会用东西来招待客人。吃饭的时候，不要只顾吃自己爱吃的东西，把自己喜欢的东西放到面前，并挑来拣去。别的孩子来玩，要鼓励孩子把自己的玩具拿出来一起玩，把自己喜爱吃的东西也分一些给别的小朋友，大家一起分享。

父母还可以利用"演戏"的方法来克服孩子自私自利的情况。这种方法就是通过孩子与父母亲之间扮演的不同角色，使孩子认识到人与人之间的关系应该是怎么样的。通过这些游戏，孩子首先会意识到经常接近的成人和自己的关系，如爸爸妈妈怎样爱护自己，然后意识到有关系的人们之间的关系，如老师怎样爱护和教育小朋友、司机怎样有礼貌地对待乘客、医生怎样关心爱护病人等等。孩子通过体会他人的感受，就会从"以自己为中心"，转变到从他人的角度来考虑问题，从而学会为他人着想。

除此之外，父母还可以在日常生活中有意识地安排一些情景，直接教会孩子应该怎样付出爱和关心别人，当将来父母亲出现有病等"情况"时，孩子就会懂得怎样去做。这样，不但有助于训练孩子克服自私自利的不良性格，还可以培养孩子为他人着想和独立处理问题的能力。

一个中年人站在一座高高的吊桥上，桥下是湍急的河水。他点上最后一根烟——因为他就要离开这个世界了。

他曾经是一个富翁，如今却一条生路也没了，他做过各种尝试，例如曾经纵情于感官的享受，四处游荡，寻找刺激，酗酒和吸毒。而现在他又遭到最后的致命打击——婚姻失败。没有一个女人能忍受他一个月的，因为他要求太多，而从不付出。河水是他最好的归宿了。

这时一个衣衫褴褛的人走过他身旁，看到他站在黑暗中说："给我一毛钱吧，先生。"

他在阴影中笑了起来，一毛钱？现在一毛钱能做什么？"没问题，我这有一毛，老兄，我的钱还不少哩，"他掏出皮夹子，"在这，拿去吧。"皮夹里大概有一百块钱，他把钱都拿出来，塞给那个流浪汉。

"这是干什么？"流浪汉问。

"没什么，因为我去的地方，用不着这个了。"他往下瞥了一眼河水。流浪汉拿着钞票，站在那不知所措了一会儿，然后对他说："不行，先生，你不能那么做。我虽然是个乞丐，但可不是懦夫，我也不拿你的钱。带着你的脏钱去吧！一起跳河吧！"他把钞票丢过栏杆，一张张随风飘动，纷纷四散，慢慢地落进了黑漆漆的河水中。"再见，懦夫。"流浪汉掉头就走了。

想自我了断的富翁这时如梦初醒，他突然希望那个流浪汉能得到那些丢掉的钱，他希望付出——可是却办不到！付出！对了，就是这个！他以前从来没有试过这个，付出！就能快乐……

他向河水看了最后一眼，然后离开那座桥，去追赶前面的那个流浪汉……

不懂得付出，对孩子来说是极其正常的现象，因为孩子的道德认识发展是直观的，是以自我为中心的，没有主观的责任感，这时的孩子很少会考虑到别人，更不可能设身处地、客观地看待问题。这是孩子的正常特点，不能拿成人的品德标准去评价。但有的孩子在3岁以前会大方、慷慨，其实那不是真正的大方、慷慨，小孩子的"自私"里往往有其正当的权力，而在很"慷慨"中则往往包含着性格怯懦的一面。如果家长不明白这点，而是强迫孩子"大方"、"慷慨"，甚至完全无视孩子的自主性和自尊心，用"爸爸、妈妈不喜欢你"，"不懂事"，"不乖"，"不听话"等话来说服孩子，这样做表面上看是为了教育孩子心里有别人，实际上这种以不尊重孩子的需要为出发点的做法，根本无法帮助孩子形成真正的道德观念。孩子可能为了让父母高兴或避免父母惩罚而服从命令，可他心里肯定会怨恨、委屈、不满。如果在教育中总是这样，常常会导致孩子产生对他人的愤恨、不满情绪或攻击行为，有的还会使孩子以为父母不爱自己，使孩子在与他人的交往中产生怯懦、退缩、依附，从而失去自信心和自主性。

要想改正孩子自私自利的性格，家长和老师就要从多方面，针对不同的情况采取有效的措施：教育孩子不自私，是一个漫长的过程，这就需要家长必须耐心等待孩子身心的成熟和自我意识、社会认知能力的提高。但是这并不是说只让家长慢慢地等着，突然有一天孩子自己就会不自私了，家长仍然需要把握机会，对孩子进行教育。有的教育家主张：首先要教会孩子"把自己的东西分给别人一半"，这个"一半"并非指数量上精确的"二分之一"，而是让孩子逐渐懂得世界上除了自己之外，还有他人的存在；自己有各种各样的需要，他人也有各种各样的需要。一旦孩子有了这种认识的时候，他们就会比家长对人还要大方、慷慨，自私自利的毛病自然也就没有了。

帮孩子树立正确的、比较高远的理想。当孩子有了正确的理想与目标后，他才会有学习的榜样。同时还要让孩子认识到，有了远大的理想和目标，就应当从身边的小事做起，比如可以这样问他"你见过像你这样天天发脾气的企业家吗？""你见过像你这样整天总想着自己的科学家吗？"等等，以此来激发他改正自私的内动力。

帮助孩子提高自我控制的能力。随着年龄的逐渐增长，孩子们已经能够根据一定的道德标准来评价是非与好坏，已经有了好恶情感；同时，情感的稳定性也在逐渐增加，控制能力也不断增强，并且还逐渐学会了控制自己的冲动。家长可让孩子思考一些问题，如：乱发脾气有什么不好的影响，别人会如何看待你，如果到哪里别人都不欢迎你会有什么感受？等等，让孩子意识到要学会自我控制，克服不良行为。

疏导逆反心理。孩子因为受逆反心理的影响，容易产生与大人的对立情绪，从而走向极端。有时，他们会故意和父母唱反调，对着干。其实逆反心理形成的一个很重要的原因就是孩子自尊心的成人感增强，希望自己的独立意识得到大人的认可。这时，家长应当教育孩子待人处事应持实事求是的态度，启发孩子学会心理"移位"，让孩子设想：假如自己处在别人的位置上考虑问题，设身处地地为别人着想，以此来疏导孩子的逆反心理。

批评与表扬。在日常生活中，要充分利用批评与表扬的作用。家长和老师可以通过批评的约束和表扬的激励，来使孩子逐渐意识到该不该做、怎样去做。在批评与表扬孩子的时候，应当向他指出批评他的理由、改正的方法。当孩子做得好时，应及时予以表扬鼓励。

帮助孩子克服心理的依赖性。孩子自我中心过重的主要原因就是从小家长包办代替、过分的照顾保护和娇惯迁就。对于很多事情，孩子既不用想也不用做，久而久之，孩子的依赖心理就产生了。这时，他会觉得一切都是很容易得到的，因此不能体谅父母的艰辛，容易任性，这就应该要求孩子克服依赖性，使他产生独立自主的意识，教导他要自强自立。并且从日常生活、劳动做起，让孩子养成热爱劳动的习惯，帮助孩子建立科学合理的生活制度，培养他的独立能力。

在实际生活中，父母更应该鼓励孩子帮助那些需要帮助的人。如果别人有事相求，孩子又可以帮得上忙，就让孩子帮别人一下。如果经济条件允许，父母还可以教育孩子做一点力所能及的捐款活动，以帮助那些生活更加困难的人，养成乐善好施的高贵品德。通过实际生活的锻炼和父母的指点，孩子就会克服自私自利的习惯。

最重要的一点就是，家长必须改变以前那种盲目溺爱、一味娇惯孩子的做法。就该对孩子的具体要求分清是否合理，对于一些不合理的、过分的要求应予以明确拒绝，并对孩子耐心地讲明道理，指出他的不足之处，提出批评。当然要孩子一下子接受肯定是不可能的，这期间必然有一个适应的过程，因此对于孩子的哭闹，家长应有充分的心理准备，一是不要再因为孩子的哭闹而盲目迁就；二是不要因为孩子的哭闹而大发脾气，给孩子一个冷处理的过程，让他意识到哭闹是解决不了任何问题的。

5. 纠正孩子"死不认错"的坏毛病

一些父母说：现在的孩子是"一触即跳"，对父母和老师的批评有一种本能的"反抗"，而一些孩子更是"死不认错"。谁都爱听表扬而不愿挨批评，孩子也是一样，不过如果孩子明知自己做错了也不接受批评，那可就是性格上的问题了。对此父母必须重视起来。

人无完人，更何况是孩子，所以小孩子犯错是在所难免的。孩子做错了事，父母总要他们认错，好像只要开口说一句是自己错了，就已经把错误改过来一样，问题也就解决了。不论犯了任何错误，除了挨一顿打之外，还要认错。如果嘴巴硬，死不认错，家长的处罚就更加严厉，所以不管孩子心里服不服，都只要承认错误。其实，有些时候，孩子并不是真心诚意地认错，他们只是在向压力低头，以求自保，不再受到惩罚而已。

小孩之所以有不愿意认错、输不起的心态，是因为想自我防卫、维护自尊，有时也是出于一种反抗心理等等；其实，这种心理如果往好的方面引导，就是好胜心和荣誉感，也是成长进步的动力；可是，如果往不好的方面发展的话，那就是死爱面子、过度防卫。久而久之，不是一味否定别人就是一味自我否定，成为一种恶性循环。

究竟是什么样的心理，让孩子死不认错呢？

首要的一点就是自我防卫的心理。其实，这种"自我防卫"的心理，大人小孩都有。通常最容易出现的是，每一次犯了错，总是为自己犯的错找理由。比如说：不小心碰到妹妹，他会说："都是妹妹自己不让路啦！"打翻了瓶子，他会说："我拿书的时候，是书把瓶子碰倒的。"等等，这些都是出于自我防卫的心理。这种自我防卫的反射，有部分原因是怕被指责处罚，部分原因是自尊心面临挑战，还有时候是一种逆反心理的表现。

第二是怕失败的心理。家长在日常言语神情中，对孩子有过度的期待，比如说，有些家长要求或暗示孩子凡事要赢过别人。如：经常拿自己的孩子向别人夸耀有多棒，或要求孩子表现得完美，造成孩子心理上觉得不可以输或不能失败的压力，这样就往往造成孩子心理上觉得自己不可以出错或认输。

第三是挫折的心理。家长在孩子表现不够好或犯错时，总是严加指责，严厉批评，或表现出失望的语气和神情。长期累积，造成孩子极度害怕挫折或怕让父母失望。

第四是家长本身太爱面子，不肯认错。家里的大人本身爱面子，自己就是一个不肯认错的人，小孩有样学样，当然也会有不肯认错的行为。

基于以上原因，孩子为了维护尊严，或者害怕失败、挫折，害怕责骂，害怕让父母失望；乃至于来自家长的不良示范等等因素，都会造成不肯承认错误或输不起的心态，孩子往往会用耍赖、哭泣、闹情绪，或死不认错的方式来表达，因此而失去许多学习的机会。这种行为如果一旦形成习惯，连带也会为自己的失败找理由，家长若及早留意，适当教导，对孩子的人格成长将有助益。

孩子年龄小，其生理机能的发育和心理发展还不够成熟，说错话、做错事是难免的，在成人的帮助下能认识错误，改正就好。可是有些孩子做了错事不肯认错，倔强、执拗，确实让人很生气。对孩子的这种不良行为，家长应仔细分析原因，在了解孩子的基础上给予正确的教育。

孩子死不认错、输不起的个性不是一天两天造成的，大人过度要求完美或过度赞美、过度指责，都会造成孩子死要面子，或过度害怕面对失败和挫折、过度自我防卫的现象，最后造成"死不认错"和"输不起"的心态，或总是为自己的失败找借口。

死不认错、输不起的孩子，不但不容易跟同伴相处，如果积久成习惯，恐怕也会影响未来人格的成长。那么，家长该如何帮助孩子调整呢？

①孩子做错了事，自己不知是错的。如三四岁的孩子，常有把衣服纽扣扣错，将袜面穿到脚底上，把鞋子穿反的现象；再大一点的孩子，特别是男孩子，顽皮、好打闹、人来疯，有时会把衣服弄破，或是为了探个究竟，把

新买的玩具拆得七零八落、乱七八糟……这都是孩子生理和心理特点造成的，他自己全然不知错。对这类错误，家长不应该过多地责备孩子，更不能说那些伤害孩子自尊心的话。如："你怎么这么笨！"，"你真是没有用！"等等。而应该在"如何做"上给予具体的指导，以此不断丰富孩子的生活经验，激发他积极主动、开拓进取的愿望，在一次次改正错误的过程中学到更多的生活本领，学会辨别正确与错误。

②大多数孩子做错了事都会拒绝认错。有的孩子个性强，执拗、倔强、任性、自以为是，做错了事不愿意承认，怕认错后丢了面子。有的孩子则从来就没有认错的习惯，这与家长的教育有很大的关系，如小孩子之间发生纠纷，家长往往是袒护自己的孩子，说别人的不是；孩子摔倒了，家长不教育孩子走路要当心，反而怨他不好；家庭成员之间教育方法的不一致等等，这些都是导致孩子做错事又拒绝认错的原因。对这样的孩子，家长不要急于追究错误的大小，而应把重点放在如何帮助承认错误上。首先，家长必须改变以上不正确的做法，是谁的错就是谁的错，要本着实事求是的态度，不要怨天怨地，混淆孩子的是非观念。再就是鼓励孩子诚实，说实话，以和蔼的态度告诉孩子："做错了事没关系，只要你能勇敢地承认错误并愿意改正，就是个好孩子。"同时还要严肃地指出："做了错事又不肯承认是错上加错！爸爸妈妈不喜欢这样的孩子，老师也不喜欢这样的孩子！"等到孩子表示认错后，要及时肯定他的进步，然后再帮助孩子分析错在什么地方，以及严重程度、不良后果等，教孩子应该怎样做，让他从中吸取教训，为今后正确的行为打下良好的基础。

③孩子做错事，怕受惩罚，不敢认错。有的家长教育方法简单、粗暴，不是训斥就是打骂，常使孩子惊恐万分，无所适从。为了逃避父母的惩罚，孩子做了错事后就只好用说谎来掩饰自己的过错。要帮助孩子克服和纠正这种不良行为，家长必须改变不恰当的教育方法，坚持实行正面教育。

孩子的好习惯是这样培养的

　　民主型的家庭教育最有利于孩子良好性格的形成，所以家长制的作风是万万要不得的。孩子虽然小，但他也有独立的愿望，有很强的自尊心，孩子做了错事，家长只是采取打骂孩子的做法，这是一种很失败的教育方法。家长要保持冷静的态度，认真分析孩子做错事的原因，本着重动机、轻后果的原则，原谅孩子因生理、心理因素或缺乏经验所造成的过失。孩子毕竟是孩子，但是对其行为、品德上的错误则要毫不客气地给予严厉批评，绝不迁就姑息，以便帮助孩子明辨是非，增强道德判断能力，少犯错误。

　　孩子犯了错误，家长批评孩子时，为什么有些孩子就是不肯认错？其实问题就出在大人身上，在批评孩子时如果能注意下面这些问题，孩子通常就容易接受你的批评了。

　　①不能只注意孩子的错处。我们动怒时常常会急于让孩子认错，会直接针对孩子所做的错事切入。然而，孩子并不是从小到大都只做错事，必定还有许多可取的地方。如果我们只就眼前的错事去指责他，而忽略了他的优点，就很容易让孩子觉得大人眼中只看到他的不好行为，似乎大人并不了解他整个人，而只注意他不好的部分，这样他就会怀疑当他做出努力时，当他表现好时，父母到底有没有看见。孩子努力把事情做好以后往往需要我们的赞扬。同样道理，在我们批评孩子时，也应该先对孩子做得好的方面给予赞扬肯定，然后再指出做得不对的地方，要让孩子知道家长并不是光把眼睛盯着他的错处，做得好的地方同样看得很清楚。

　　②不翻旧账。只谈眼前，不翻旧账，做错的事已经批评过了就应该"结案"了，不要老是记着孩子以前不好的地方，让孩子觉得他在父母面前永远翻不了身。孩子正处在学习做人的过程中，父母要原谅孩子的过错。动辄就翻老账，这样很伤孩子幼稚的自尊心，孩子肯定是不会接受的。

　　③批评过后要表达对孩子感情依旧。批评过后，父母不要一直板着脸说话或不理睬孩子。如果本来打算和孩子一起出去玩，也不能以孩子今天做错

事为理由就不带孩子出去了。要让孩子知道，做错了事应该受到批评，但父母不会因为他做了错事就不爱他，而是希望他能更茁壮成长起来。

④增加身体接触。在批评孩子时拉着他的手讲道理给他听，或搂着他的肩膀说话。我们都知道忠言逆耳，有些听不得一句重话的孩子会非常排斥所有指责他的话，所以当我们责备他时，应该用眼睛正视孩子，一边说着指责他的话，一边身体部分要有接触，这样就能够达到恩威并用的效果。

一个连"对不起"都不会说的孩子将来长大了将无法在社会上生存，因为在社会中有太多的时候需要说："对不起，我错了。"只有懂得承认错误，才能看到自己的不足，才能学会谦虚，才能从别人的身上学到自己所欠缺的东西。而父母要做的，就是在孩子年幼时教会他们这个道理。

第一章
习惯决定命运

习惯往往是在不自觉中支配人的行为，因此，好的习惯可以让你在不自觉中做对事，坏的习惯则让你在不自觉中做错事。于是，一个人往往在不自觉中走向了命运的不同归宿。认识到习惯对于命运在一定程度上的决定作用，父母在培养孩子习惯的过程中才能发挥更加积极的作用。

1. 要掌控人生先掌控习惯

什么是习惯呢？习惯其实就是一种重复性的日常行为规律。当人们一再重复同一种行为后，这种行为就变成了习惯，然后它会在不知不觉中支配我们，把我们变成它的奴隶。

知道现代铁路两条铁轨之间的标准距离是怎样形成的吗？

这要从古罗马说起了……

在古罗马时期，牵引一辆战车的两匹马屁股的宽度是 1.5 米，因此，罗马人以 1.5 米作为战车的轮距宽度。而在当时，罗马统治整个欧洲，甚至英国的长途老路都是罗马人为他们的军队所铺设的，因此，英国马路辙迹的宽度自然也成了 1.5 米。任何其他的轮宽在这些路上行驶的话，轮子的寿命都不会很长。所以，如果马车用其他轮距，它的轮子很快会在英国的老路上撞坏。

最先造电车的人以前是造马车的，所以电车的标准是沿用马车的轮距标准。而早期的铁路是由造电车的人所设计的，因此，1.5 米成了现代铁路两条铁轨之间的标准距离。

更为奇妙的是，人们的这个习惯影响到了美国航天飞机燃料箱两旁的两个火箭推进器的宽度。这是因为这些推进器造好之后要用火车运送，路上又要通过一些隧道，而这些隧道的宽度只比火车轨宽一点，因此火箭助推器的宽度是由铁轨的宽度所决定的。

所以，最后的结论是：两千年前的两匹马屁股的宽度决定了美国航天飞机火箭助推器的宽度。

这种现象就是所谓的"路径依赖"。"路径依赖"类似于生活中的"惯性"，日常生活中普遍存在着这种自我强化的机制。它使人们一旦选择走上某一路径，就会在以后的发展中进行不断地自我强化。

我们所说的习惯同样也是这个道理。习惯就像是走路，人们如果选择了一条道路，就会沿着这条道路一直走下去。惯性的力量会使人们不自觉地强化自己的选择，并让你轻易走不出自己选择的道路。

《美国传统词典》是这样定义"习惯"的：

①一种重复性的、通常为无意识的日常行为规律，它往往通过对某种行为的不断重复而获得；

②思维和性格的某种倾向；

③一种习惯性的态度和行为。

习惯的力量是巨大的。一个人的日常活动，90％都在不断重复原来的动作，在潜意识中转化为程序化的惯性。这些行为都是不用思考的自动运作。这种自动运作的力量，即习惯的力量。

习惯是我们的终身伴侣，是最好的帮手，它也可能成为我们最大的负担。它会推着我们前进，也可以拖累我们直至失败。

习惯是所有伟人们的奴仆，也是所有失败者的帮凶。伟人之所以伟大，得益于习惯的鼎力相助，失败者之所以失败，习惯同样责不可卸。

为什么习惯的魔力会这么大呢？究其原因，习惯是自动化的行为方式和反应方式。简而言之，习惯就是人们在无意识状态下产生的行为。因为我们没有足够的时间和精力对所有的事情都仔细进行斟酌，所以，当我们多次遇到同样或者类似的事情的时候，我们就会慢慢形成应对的习惯，当我们再次遇到这样的事情时，我们就不会再花时间思考，而是按习惯行事。随着年龄的增长，我们的习惯越来越多，我们被习惯支配的时间也就越来越多，最后，大多数时候我们的思维方式和行为方式都会受到习惯的支配。好习惯随着时间的延伸，带给我们的益处越来越大；相反，坏习惯随着时间的延伸，带给我们的害处会越来越多。每天坚持弹十分钟钢琴，一两年后就能达到专业水平；每天睡前看十分钟书，三五年后就会博学多才；每晚坚持散步半小时，长期坚持下来，就会健体增寿。与之相对，坏习惯就会让人负累终生。

所以如果想掌控人生，那么就从掌控习惯入手吧！让好习惯为孩子插上成功的翅膀，拥有更美好的未来！

2. 再小的坏习惯也不能放纵

孩子身上常有些小的不良习惯，孩子自己认为是小事一桩，父母也觉得没什么大不了的。这种想法是大错特错的，不良习惯就该及时纠正，否则将来小小的坏习惯也可能带来大问题。

留心观察，你会发现很多的孩子在一些日常的细小行为习惯上都不加注意，我国社会经济日渐开放，与外国的交流越来越密切，而这些根深蒂固的习惯却在影响着我们走向世界的脚步。

有一个小伙子长得高大英俊，中专毕业后，进入了当地的一家高档宾馆当服务员。

有一天，他从总经理门前走过，被头发斑白的总经理叫住了："小伙子，过来。"他一看总经理叫他，心里顿时觉得挺激动。在五星级饭店，一个总经理不大容易跟一个员工交谈的。

总经理问："小伙子，你会走路吗？"

"当然会呀，我这不就是在走路？"小伙子满脸疑惑地回答。

总经理说："那你走一遍给我看看。"

小伙子两个肩膀一高一低，脚拖着地摇摇晃晃地走了一个来回。总经理说："走路就要有走路的样子，你这样两个肩膀一高一低，晃来晃去，是不是不太好看？你站着，看我来给你走一遍。"

总经理已经是快 60 岁的人了，但是身板硬朗，精神矍铄。只见他挺胸抬头，目视前方，稳稳当当地走了一个来回，然后告诉小伙子："这叫走路。给你一个星期的时间回家练习走路。练好了，你就来上班，练不好，就不用再来了。"

看到这里，不知各位家长有没有一种幡然醒悟的感觉，在对子女的教育上，你们有刻意地去培养过孩子这些细微的小习惯吗？

不良的习惯是束缚在孩子身上的无形枷锁，严重地阻碍着他们的进步，因此，父母应将纠正孩子不良习惯当作家教中的一项重要任务来抓。

（1）对症下药

每种不良习惯的形成都有其内在和外在的原因，在纠正时，要明确孩子不良习惯的根源，对症下药。否则，不良习惯不但不能被改正，反而会愈加严重。例如，同样是学习磨蹭，原因却很多，有的孩子是对学习没有兴趣，有的是时间观念淡薄，有的是个人性格所致，有的则是对老师和父母的消极对抗。为此，父母要根据每个孩子不同的情况，采取有针对性的措施。比如有的要培养孩子的学习兴趣；有的要加强孩子的时间观念；有的要完善孩子的性格等。

（2）及时纠正

习惯是一种固定的行为方式，形成的时间越久，纠正就越困难。因此，在孩子学习不良习惯刚刚形成或萌芽之际，父母就应及时予以纠正，不要等恶习难改时才引起重视。父母平时对孩子的不良习惯要有警惕性，一旦有不良习惯的苗头出现，就及时抓住，及时纠正；越及时，效果越好。

（3）消极练习

消极练习法是指要求孩子有意地、认真地去做原先那些无意识的不良习惯，使他自己清楚地了解不良习惯的行为进程，增强对它的意识程度，降低其自动化程度，从而克服这些坏习惯。如某孩子有吸吮拇指的不良习惯，父母建议他每天做六次消极练习，每次都对着镜子连续吸吮拇指三分钟，同时必须认真"欣赏"镜中的自己。结果，数天后，他的坏习惯就改掉了大半。

任何一种微小的习惯都可能给孩子带来深远的影响，因此父母在生活中必须时时关注孩子的言行表现，对任何不良习惯在萌芽阶段就要及时纠正。

3. 别把"点金石"扔到水里

人们的生活基本是由习惯构成的，但等到"习惯成自然"后，我们就很难感觉到习惯的存在，换句话说我们已经成为习惯的奴隶，如果被一些不良习惯左右，那么我们的人生就会变成一团糟。

据说，点金石是一块小小的石子，它能将任何一种普通金属变成纯金。羊皮纸上的文字解释说，点金石就在海滩上，和成千上万的与它看起来一模一样的小石子混在一起，但真正的点金石摸上去很温暖，而普通的石子摸上去是冰凉的。有一个人在得到了这个秘密后买了一些简单的装备，在海边扎起帐篷，开始检验那些石子。

他知道，如果他捡起一块普通的石子并且因为它摸上去冰凉就将其扔在地上，他有可能几百次地捡拾起同一块石子。所以，当他摸着石子冰凉的时候，就将它扔进大海里。

这样干了一整天，却没有捡到一块是点金石的石子。然后他又这样干了一个星期，一个月，一年，三年，但是他还是没有找到点金石。

然而，他继续这样干下去，捡起一块石子，是凉的，将它扔进海里，又去捡起另一颗，还是凉的，再把它扔进海里。

但是，有一天上午，他捡起了一块石子，而且这块石子是温暖的……可他随手又把它扔进了海里——他已经形成了一种习惯，把他捡到的所有石子都扔进海里。他已经如此习惯于做扔石子的动作，以至于当他真正想要的那一块到来时，他也还是将其扔进了海里！

人们对习惯地追从是惊人的，许多男士都喜欢把手机挎在腰的右边，如果把手机改挎到左边，他们就会相当的别扭。人们出去旅游，有时会"水土不服"，这就是人们对环境和气候的习惯被打破而造成的不适应。

习惯有时会成为阻碍人成功的障碍，使人扔掉握在手里的机会。孩子的成长过程很容易养成一些不良习惯，包括学习的，生活的，待人处世的。任何一种习惯都会影响孩子的一生，好的会起到积极作用，反之，则会起负面作用。检视一下孩子生活和学习中的习惯，看哪些习惯会成为他学习和生活的障碍，然后改正它，切勿让孩子被不良习惯所束缚。

习惯是最好的奴隶，却不是最好的主人，因此我们要试着把习惯变成自己的"奴隶"，使之为我所用，帮助我们顺利实现人生目标。

4. 教育就是要培养好习惯

要让孩子具有成功者的素质，一项刻不容缓的任务就是培养孩子的良好习惯，有了良好的习惯做基础，孩子才能真正成才。

科学大师爱因斯坦曾说："如果人们已经忘记了他们在学校里所学的一切，那么所留下的就是教育。"换句话说"忘不掉的才是素质"。而习惯正是忘不掉的最重要的素质之一。

良好习惯对于人的发展究竟有何意义呢？也许，木桶理论可以从某一个角度解释清楚。木桶理论认为，一只木桶盛水的多少，取决于最短的木板，而不取决于最长的木板。对于人的发展同样如此，人的失败往往由于自己的某种缺陷所致。

从更深刻的意义上讲，习惯是人生基础，而基础水平决定人的发展水平。大量事实证明，习惯常常可以决定一个人的成败，更可能导致事业的成败。

然而，一切又都是从童年开始的。毫无疑问，培养孩子良好习惯的神圣责任，别无选择地落到了广大父母与教师的身上。父母不可能也不必成为教育家或心理学家，甚至不必成为教师的助教，但是，父母必须承担起最基本也是最重要的责任——培养孩子的良好习惯。

要想培养孩子的良好习惯，我们先要明白习惯是如何养成的。儿童某个行为习惯的产生通常由两方面的因素决定：其一是孩子遗传的天性，天生外向的孩子喜欢舞刀弄枪，内向的孩子则可能喜欢拼图；其二是环境的作用，比如，不同的老师会促使孩子形成不同的学习习惯，因为老师对孩子的要求是不同的。

孩子的某个行为出现后，他有可能获得两种体验，一种是快乐的，一种是痛苦的。假如他获得的是快乐的体验，那么这种行为往往会被孩子坚持下来，从而形成习惯。假如他获得的是痛苦的体验，那么这种行为就会自然解体，因为人的本性是趋乐避苦的。

比如，一个小朋友偷拿了别人的一块很可爱的橡皮，结果没有被发现，他会体验到一种不劳而获的快乐；他在适当的时机会第二次尝试，如果依旧没有被发现，他就会进行第三次、第四次尝试，直到最后形成习惯。相反，假如这个小朋友在第一次偷拿别人东西的时候，就被别人发现，并被老师惩罚、同学嘲笑，那么他就体验到了尴尬、愧疚、被惩罚和被嘲笑的痛苦，从而不会再继续这样的行为。

在培养孩子良好习惯的过程中，父母们一定要注意以下几点：

①给孩子提出具体、明确的要求。无论是哪方面的养成教育，都需要父母给孩子的行为规定一个目标或者是要求，这个要求要尽量具体一点，使孩子能够看得见，摸得着，这样才能有利于孩子理解、掌握和执行。

②做到说话算数，做不到的话不要说。当父母想许诺或者警告孩子的某种行为时，一定要考虑自己说出去的话能否做到。如果觉得自己无法实现，就不要随意讲，否则您的话将失去可信度，孩子会对您的话充耳不闻。

③学会对孩子说"不"。养成教育就是要给孩子的健康成长做一些规定，这些规定很有可能是暂时不被孩子理解的，那么，只要是对的，父母就要坚持。

④许多家长在孩子的成长过程中往往抓大放小，对于孩子平时的小过错、坏习惯不以为然，觉得等孩子长大后，就会改掉坏习惯的。其实不然，孩子的习惯却是从小养成的，父母不予重视，将影响孩子的一生。

习惯关系到孩子一生的成败，为人父母者一定要帮孩子把好习惯关，让孩子最终走向成功，成为一个令人尊敬的人。

5. 从小养成的习惯坚不可摧

我国古代伟大的教育家孔子曾说过："少成若天性，习惯成自然。"这就是在告诉我们，一个人从小养成的习惯会和他的天性一样自然，这个时期养成的习惯是坚不可摧的。

习惯成就性格，而性格决定命运。很多成绩斐然的成功人士之所以敢扬言，即使现在一败涂地，他们也能很快东山再起，就是因为他们从小养成的某种习惯锻造了他们的性格，而性格铸就了他们的成功。

在大家眼里，爱迪生确实堪称天才，他是人类历史上最伟大的发明家，一生共创造了1093项发明，包括白炽灯泡、留声机、电影等。这些成就让我们普通人望尘莫及，然而他本人却把这些归功于勤于思考的习惯。

他说："就像锻炼肌肉一样，我们同样可以锻炼和开发我们的大脑……恰当地锻炼、恰当地使用大脑，将使我们的思维能力得到加强和提高。而思维能力的锻炼，又将进一步拓展大脑的容量，并使我们获得新的能力。"爱迪生进一步解释道："缺乏思考习惯的人，其实错过了生活中最大的快乐。不仅如此，他也会因此无法最大化地发挥和展现自己的才能。"爱迪生明白，正是勤于思考的好习惯，让他把自身更多的潜能开发了出来。

除了勤于思考的习惯，每个成功的人背后都还有一个或者很多个助他成功的好习惯。事实上，我们可以看到，拥有越多好习惯的人，他成功的可能性也就越大。

让我们来看看诺贝尔奖奖金获得者是如何讲述他们成功的秘诀的：

采访中，当记者问到他们在哪所大学、哪个实验室学到了人生中最宝贵的东西时，一位白发苍苍的学者出人意料地回答说是在幼儿园。在幼儿园学到了什么呢？学者回答："把自己的东西分一半给小伙伴们；不是自己的东西不要拿；东西要放整齐；吃饭前要洗手；做错了事情要及时道歉；午饭后要休息；要注意观察周围的大自然。从根本上说，我学到的全部东西就是这些。"

另有一位科学家说：在实验室，没有"我"，只有"我们"，一切伟大成果都属于"我们"，而不是某一个"我"。这种群体意识不正是得益于从小养成"把自己的东西分一半给小伙伴们"的习惯吗？

大发明家爱迪生在实验室里工作时井然有序，连助手不慎把一个烧杯转了个儿，他都严肃地指出，并说："最小的一点错误会导致最大的损失。"这话不正是来源于幼儿园里的那句"东西要放整齐"的教导吗？

由此可见，从小养成的良好习惯对人一生有多么深刻的影响。这种影响将伴随孩子们的一生，无论学习还是生活，做人或者处世。它以一种无比顽强的姿态干预着你生活中的细枝末节，从而主宰人生。对于孩子来说，要成就学业、事业，要拥有美好人生，必须养成好的习惯。

某地一家企业招工，报酬丰厚。应聘者皆是一些高学历的年轻人，6位佼佼者经过重重关卡，顺利到达最后一关。最后一关是总经理面试，6 位年轻人在办公室等待总经理的面试。秘书进来说："总经理临时有点急事，让你们等他 5 分钟。"秘书走后，几个年轻人立刻围住老板的办公桌，东翻翻，西看看。5 分钟后，总经理回来宣布："面试结束，很遗憾，你们都没有被录取。"

年轻人倍感迷惑："面试还没开始呢！"总经理说："刚才我不在时你们的表现，就是面试。本公司不能录取随便翻阅领导人文件的人。"年轻人全傻了。从小到大，没有人告诉他们这一常识，更谈不上习惯养成。而这一不经意的行为致使他们丢掉了一个好工作。

还有一位在美国留学的学生，教授让他一个人在实验室做实验。他一看实验室有电话，以为可以白打谁也不会知道，一个小时内打了 36 分钟的电话给家里、给朋友。后来他被开除了。

类似这样的坏习惯在很多孩子身上都不同程度地存在着，而关键的一点是，他们自己并没有意识到，这些坏习惯在时刻阻碍着自己走向成功。他们对自己犯下的错误茫然不知，而此时恶果已酿成了，原因就在于他们的这种坏习惯已经根深蒂固，并且自身从未发觉到它的恶劣性，以至于在对自身命运意义重大的面试这一关上也不自觉地表现了出来，从而丧失了好机会。

坏习惯是一种藏不住的缺点，这种通过潜意识表现出来的自动化的行为，自己看不见，而别人却能看得见，即使发生的这种行为并不一定是他自己希望的行为，但是一旦成了习惯，便身不由己，经常在不经意间铸成恶果。

有一篇颇具震撼力的调研报告，标题是《悲剧从少年开始》，是对 115 名死刑犯犯罪原因的追溯调查。

调查表明：这 115 名死刑犯从善到恶绝不是偶然的，他们身上无一例外地存在着诸多坏习惯，这正是他们走上绝路的潜在因素，是罪恶之根。这些人的违法犯罪均起于少年时期，其中的 30.5％曾是少年犯，61.5％少年时犯有前科，基本都有劣迹。他们从小就有不良习惯，而只要这种潜在因素得不到改变，他们迟早都有走上犯罪道路的危险。

通过调查分析，他们身上的这些坏习惯主要表现在以下几个方面：不爱学习、不懂礼貌、不守法；贪吃好玩、好奢侈、爱享受、自私自利、任性妄为；重"哥们义气"、自作聪明、我行我素、显赫逞能、亡命称霸；伦理错位、黑白不分、是非颠倒、荣辱不清。

一切都是自童年开始。不同的童年造成了杰出青年与死刑犯青年之分，更造成了先进青年与平庸青年之分。而这"不同"的基本点之一就是行为习惯的不同。

从小养成的习惯在某种意义上来讲是坚不可摧的，因此我们一定要努力帮孩子养成好习惯。如果因为疏忽使孩子养成了不良习惯，那么就要及时纠正，因为儿童时期也是矫正不良习惯的最佳时期。

6. 从小培养习惯也要循序渐进

孩子年龄小，接受新事物能力强，因此这无疑是培养孩子良好习惯的最佳时期，但要注意的是培养习惯一定要循序渐进，并且还要不断强化好习惯。

培养好习惯的关键期是：幼儿园和小学阶段。

小学阶段是培养习惯的关键期，一、二年级又是最佳期。据研究发现，到了初中再培养习惯就难多了。一旦养成了不好的习惯，再想改正就难多了（改造教育比塑造难）（做衣服不合适，再改合适可难了）。

举两例说明：

例1，20世纪40年代，美国的一位心理学家丹尼士曾经做了一项惨无人道的试验。他从孤儿院里挑选了一批新生婴儿，把他们放在暗室里生活，只给吃住，与世隔绝。这些婴儿起初在生理上和正常婴儿完全一样，慢慢地机能逐渐退化，最后变得越来越痴呆。长到一定年龄后，再放到正常人里边生活，虽然经过长时间的训练的教育，但绝大多数孩子始终没能恢复人的基本特性，变得终生痴呆，只有个别人学会了吃饭、穿衣等简单的生活能力。这一例说明小时候错过了关键的训练期，长大了再练也不行了。

例2，1972年，人们在东南亚大森林里找到了第二次世界大战时迷失的日本士兵横井庄一。他远离人类，像野人一样生活了28年，人的一切习惯甚至包括日本话都忘记了。可是当他获救后，人们只用了82天时间的训练，就使他完全恢复了人的习惯，适应了人类的生活，一年后还结了婚。虽然他经过野人生活的时间要比那些婴儿长很多，但对他的训练和教育却容易很多，其主要原因就是他没有错过受教育的"关键期"。

从小培养孩子的好习惯虽然重要，但也要注意按步骤进行，不可操之过急。在培养习惯的时候，要根据孩子的年龄特点和心理接受能力，由浅入深、由近及远、循序渐进地进行，这样才会取得好的教育效果。

有的父母认识到了培养孩子的习惯的确很重要，因此就特别心急，总希望能一下子把孩子培养成为一个具有所有好习惯的人。在这种心态的支配下，父母们往往很焦虑，一会儿让孩子做这个，一会儿让孩子做那个，甚至不顾孩子的年龄特点，给孩子提出过高的要求。但是在孩子还未完全掌握一种能力，还处于不成熟的阶段时，如果家长急于进入更高的阶段，只会让好不容易才萌发的能力慢慢丧失，非但不能培养良好习惯，还有可能引起孩子的反感，使孩子抵触父母的要求。

有一位年轻的母亲讲了自己的经历。她说：有了孩子以后，我就一心希望把孩子培养成一个杰出的人。我知道，对于小孩子来说，习惯养成特别重要。人们都说习惯培养好了，孩子长大一些就省事儿了，就不会那么累了。

于是，几乎从孩子一出生开始，我就着手培养孩子养成各种好习惯。别人家的孩子都是大人给喂奶，我却尽量让他自己拿着奶瓶子喝奶；别人家的孩子由大人扶着学走路，我却一开始就让他自己走路，孩子为此摔了很多跤。我也很心疼，但是我都忍耐着。因为我知道，在孩子学走路的时候，不摔跤是不可能的。当他上小学以后，我教他的第一件事是学习查字典。别人都说我教得太早了，孩子的拼音还没学好呢。可我当时想，什么事情都不能落后，边查边练不是挺好吗？

这样做了一段时间以后，我发现孩子的性格有了变化。这种变化并不是我希望的那样——孩子具有了独立性。相反，孩子变得很爱哭，一让他写作业，他就闹情绪，有的时候和我起急，有的时候和自己较劲，要么摔了铅笔，要么弄破了本子，有的时候还小声哭泣。

没办法，我只好带孩子去咨询专家。专家们认为，孩子是因为承受了太大的压力才会这样的，他们说都是我没有考虑孩子的年龄特点和心理特点，给他很多要求，让他感到自己无法达到这些目标才会变成现在这样的。

的确是这样，很多父母都在"为了孩子好"的心态下，给孩子提出过多过高的要求。这样不考虑孩子的年龄、心理发展以及个性特点的做法，很容易导致拔苗助长的后果。

习惯培养要讲究科学性，要按照科学的规律去培养孩子的习惯。这种科学规律包括的范围是非常广泛的。比如说，父母要考虑孩子的年龄特点，依据孩子的身心发展规律培养孩子的好习惯。这些习惯不是截然分开的，而是在不同的年龄阶段要有不同的要求。

例如，我们要培养一个人"做事有始有终"的习惯，对幼儿园的孩子来讲，我们应该要求他们在玩的时候自己把玩具拿出来，玩完以后自己收好；对小学生，就要要求他们看书做作业的时候认真仔细，写完以后自己检查，然后自己收拾好书本才能去玩；对于中学生来说，就应该要求做事有责任心。从收玩具到做事有始有终，再到责任心，有了这样比较细致的要求和层次，培养起来就比较容易进行，孩子也比较容易接受。

父母在遵循循序渐进的规律培养孩子的习惯时，除了考虑孩子的年龄特点和性格特征外，还应遵循下面几条原则：

①运用"循环说"理论

行为习惯的形成需要长时间的循环反复，是螺旋上升的。低年级训练过的，到了中高年级还要经常重复训练，否则很难巩固。因此，如果孩子小的时候已经培养过某些习惯，父母依然不要放弃，可以选择不同的时间进行循环，每过一段时间就有意识地强化一下。

②运用"阶段说"理论

习惯形成各有不同的关键期，小学低中高年级有各自的训练重点，可以抓住各种习惯形成的关键期来进行教育。父母要分析孩子在不同阶段的特点，选择适合孩子本年龄阶段的习惯进行培养，不能心急。

③运用"中心扩散说"理论

行为习惯是一个纷繁复杂的体系，要把所有的行为习惯都在短时间内培养好是不可能的。因此，父母在培养孩子的习惯时，就要抓主要的习惯进行培养。重点习惯培养好了，就可以带动孩子形成其他好习惯。

习惯是慢慢形成的，父母们不能指望把所有的好习惯一股脑儿地塞给孩子，只要多一点耐心、细心和恒心，你一定可以教养出从小具有好习惯的孩子。

第二章
好的学习习惯比好的学习成绩更重要

习惯重要还是成绩重要？在许多父母眼里答案是不容置疑的：当然成绩重要，有了好成绩才会考入好学校，也才会有远大前程。事实上这种理解相当狭隘，古人说授人以鱼不如授人以渔，好的学习习惯就是一种高效率的工具，而有了这一工具，好成绩不过是囊中之物。

1. 做好预习才能掌握学习主动权

有句话叫做"有备无患"，意思是做好准备、成竹在胸后，做起事来才能应对自如。在学习上也是这样，如果你想提高孩子的学习质量和效率，就一定要让他养成做好课前预习的好习惯。

一位获得全国数学竞赛第一名的小学生在谈自己的学习经验时说："如果要说我学习效率高的话，首先应得益于我良好的课堂学习习惯，课堂学习的高效率是其他任何形式的学习所无法比拟的。"事实证明，课堂学习是孩子学习的重中之重，养成良好的课堂学习习惯就显得尤为重要。应认真做好课前的准备工作，学会在课堂上聚精会神地听讲，仔细做好课堂笔记，敢于提问，善于表达，紧跟老师的思路走，从而提高自己的课堂学习成绩。

课前准备直接关系到课堂学习的质量。有的孩子课堂学习效率低的原因并不在于课堂上如何如何，而在于课前没有做好充分准备。

许多孩子往往忽视学习过程中的课前准备这一细微环节，导致不好的学习状况始终得不到改善。专家认为，这就是课前没有预习所导致的后果。

对孩子来说，知识的准备主要是通过预习来实现的，应该说它是决定听课效率高低与否的最主要因素，是最为重要的课前准备工作。由于在预习过程中了解了新课的学习内容，排除了听新课的知识障碍，课堂学习也就主动多了。

实际上，与老师的课堂授课相比，预习是一件很有创造力的事情，当然并不是说课堂授课是缺乏创造力的。但是，几乎所有的课堂授课都是群体的，而预习，对我们来说就是个人的事情了。在没有老师介入的情况下，大脑对待学习的知识往往会有自己的看法，因为很多时候，自己的想法和教师的授课内容是两回事情。例如学习鲁迅先生的文章，老师的讲授会让我们对作品的结构、思想内容有更深的理解，然而像写作背景、整体感觉等等在预习的时候都可以有所把握。背景资料这些丰富而具体化的东西，无疑会对课文的整体把握起到积极作用。而对文章的整体感悟，单纯依靠课堂讲授是远远不够的。

但是我们也应该知道，养成好的预习习惯一定要有科学的预习方法，这样学习起来才会事半功倍。

笑笑是个小学三年级的孩子，他是一个勤奋好学的学生，但是上课的时候，总是默默无闻，很少主动提出问题。

笑笑自己也非常纳闷，他想："我和同学们一样都非常认真的预习，可是同学们上课时总能提出很多问题，我怎么就提不出来呢？"

于是，他找到了老师咨询，老师笑着说："预习确实很重要，但预习也要有方法，不讲方法的预习是在白费力气啊！"

老师告诉笑笑，兵书上讲"知已知彼，百战不殆"，上课也应该像打仗一样，要对课上所学的东西做到心中有数，才能取得学习上的主动权。做到这一点最好的办法就是课前进行科学的预习。所谓科学预习就是要在巩固旧有知识的基础上，积极探索新知识，发现疑问，以做到心中有数，为进行新一轮的学习而进行准备。预习的最大好处是有助于形成学习的良性循环。预习会使人变得积极主动，而只有站在主动进攻位置上的人才容易打胜仗。可见，只要抓住了预习，就抓住了提高的关键。

那么，什么样的预习方法才是科学有效的呢？

①要认真学习。先将教材粗读一遍，领会基本大意，然后再反复细读。细读时，可用彩笔在课本上初步勾画出重点、难点、疑难问题。

②要认真思考。预习时要运用已有的知识、经验及有关参考材料，进行积极的思考，多问几个为什么，弄清新旧知识的内在联系和新内容中的每一个概念、定律、公式等。若有初步的体会和感受，也可适当地作点批注。

③要适当地做些习题和进行实际操作。预习后，可适当地做些练习题，以便及时检查预习的效果和巩固、深化知识系统。如有可能，还可做些必要的操作，现场观察、调查研究等，从而为上新课做些必要的准备。

④要认真做好笔记。写预习笔记是预习过程的一个重要环节，我们一定要引起重视。具体来说，预习笔记主要包括五个方面的内容：一是每一课或每一章节中的重点结构或提纲、摘要；二是每一课或每一章节中包括的几个紧密联系的主要问题；三是尚未解决的疑难题；四是所查资料中有关内容的摘抄，并注明出处；五是心得体会。

除此之外，有两个问题是在预习时必须要注意的：

第一，要根据自己的实际情况挑选科目预习。

预习的好处固然很多，但需要一定的时间，为了保证预习的质量，我们最好先从基础学科或个人感到困难的学科中选出一两门进行试点，当取得一定经验和成效后，再逐步展开。对于个人的优势学科或较易掌握的内容可以不预习或少预习。

第二，预习时间的长短，要根据自己的学习计划及当时学习的实际情况而定，时间的安排要服从整体计划。

预习的时间要根据实际可能来安排，不要因预习占用过多的时间而打乱了学习的整体计划。时间多时，可多预习一点；时间少时，可少预习一点，钻得浅一点。有些疑难问题解决不了是正常现象，预习不可能将全部新内容都钻透。

需要提醒家长们注意的是，预习不能代替听讲，即便是在预习时已经掌握的东西，仍不要忘记督促孩子上课时仍要专心听讲，听听老师的分析思路，提高自己分析与解决问题的能力。

2. 勤思考才能有进步

大文学家巴尔扎克曾说过："打开一切科学的钥匙，都是毫无意义的问号。"这就是在告诉我们学习一定要会思考，有思考才能有创造、有发展。因此一个孩子如果能从小养成独立思考的习惯，那么他就一定会表现得更加出类拔萃。

英国科学家波普尔说过："科学和知识的增长永远始于问题，终于问题——越来越深化的问题，越来越能启发新问题的问题。"一部科学发展史，就是对奥秘的探索与对问题解决的历史。由此可见，具有敏锐的问题意识，善于发现问题，并能孜孜以求地探索解决问题，对一个人的学问是非常重要的。

高斯是近代数学奠基者之一，在历史上影响之大，可以和阿基米德、牛顿、欧拉并列，有"数学王子"之称。高斯非常善于思考，这种良好的思维习惯在他小时候就已经表现出来。

高斯的父亲是泥瓦厂的工头，每周他都要发薪水给工人。在高斯3岁时，有一次当父母正要发薪水的时候，小高斯突然大声说："爸爸，你弄错了。"然后他说了另外一个数目。原来小高斯趴在地板上，一直暗地里跟着爸爸计算该给谁多少工钱。重算的结果证明小高斯是对的，这把站在那里的大人都惊得目瞪口呆。

小高斯10岁时，有一次他的数学老师让他们全班解答一道习题：立即计算出"1+2+3+4……+100 ＝？"的答案。这个题目在今天早已家喻户晓，可是在那个时候、那个场合，对于一群小学生来说，还真不容易。要算出这么长的算术题耗时不少，孩子们都想争取第一个算出来，立刻在草稿纸上做了起来。

只有小高斯还没有开始动手，他不是想偷懒，他在想，难道一定得经过这么复杂的计算过程吗？从客观上说，他在思考，目的是要寻找一种能够成倍提高计算效率的策略，这个过程花去了相当于其他同学进行加法计算的二分之一的时间。这时候，老师看见了他，走上前来问他怎么了，为何还不开始计算。小高斯说他已经知道答案了，是5050。老师十分诧异，问他是否提前做过这道题。高斯于是告诉老师，他通过观察发现这一组数字中1加100等于101、2加99等于101……这样的等式一共有50个，因此这道题可以化简为"101×50 ＝ 5050"。

"真是太聪明了！"老师赞扬他。

这种"聪明"并不取决于孩子的智商。事实上，小学生的智力与学业成就的相关系数只有 0.21，它应该取决于孩子良好的思维习惯，使智力的潜在能力得到了充分发挥。认真的思考虽然为孩子解决问题的过程增加了一个环节，却使解决问题的时间缩短了很多倍，大大提高了学习的效率。小高斯进行思考花去了相当于别人解题所耗时间的一半，然而计算出"101×50＝？"只需要 1 秒钟。从这里边，你难道还看不出善于思考的优势吗？

伟大的物理学家爱因斯坦说："学会独立思考和独立判断比获得知识更重要。不下决心养成思考习惯的人，便失去了生活的最大乐趣。"

我们还是再来看一看张肇牧的学习经历。

肇牧十分喜欢做实验性游戏，当听爸爸妈妈说要做有趣的实验游戏时，肇牧非常高兴。

"肇牧，从你的玩具中，找出两个同样大的杯子，一个比杯子大的碗或者是锅都行。"肇牧将三样东西拿来了。"爸爸，你看行吗？"爸爸满意地说："行。你用锅装些水来，并且将水分别倒进两个杯子，要求两个杯子的水要一样多。"肇牧按示意进行。然后爸爸问肇牧："你看两个杯子的水，是不是一样多呀？"肇牧想了想，说："啊，是一样多。""你将一个杯子的水倒进锅里，你再看看，是锅里的水多呀，还是杯子的水多？"谁知肇牧不假思索地给了爸爸满意的答复："一样多。""为什么？你看锅里的水这么少，杯子的水那么多，怎么是一样多呢？"肇牧从容地说："爸爸你看，这是两个同样大的杯子，我倒进的是同样多的水，然后再把这个杯子装的同样多的水倒进了锅里，因为锅比杯子大，所以看起来锅里水像少些，其实它们一样多。"

谁能相信，这是一个年仅 4 岁的孩子对液体容量守恒定律如此肯定的回答，而且思维清晰，语言表达准确、完整！

上小学二年级的时候，数学教学正进入直式运算阶段，学生们都能按照老师的要求，从低位向高位顺序运算，唯独肇牧别出心裁从高位到低位进行逆向运算。爸爸妈妈问他时，肇牧振振有词："从左边算到右边是我想出来的窍门。"

正是由于小肇牧举一反三的能力，培养了他的思维、判断和推理能力。

学习有两种类型：一种是不经过思考的学习，一种是经过深思熟虑的学习。我们可能有这种体验，没经过思考的东西，即使学了，也会很快忘得一干二净。理解了再加上自己思考后的东西记得最牢，往往会一生受用无穷。这就是"学而不思则罔，思而不学则殆"的道理。

因此，在学习时一定要多思考，多问几个为什么。有些学生在课堂上总有问题要问，而另外一些学生刚好相反，总是沉默不语。

老师向很少发问的同学询问："为什么不发问？"

绝大部分的人总是回答说："我不知道该问些什么。"

这种连该问什么都不懂的人，不管上什么课，对老师的讲课内容一定是不知所语，只能在迷迷糊糊中打发那一堂课。

其实，发问并没有好坏的分别。刚学发问的时候，不必拘泥于"应该问得漂亮"，大可从小小的疑问来问起。一旦养成思考的习惯，日子一久，你就自然觉得该问的事情实在很多，而问得愈多，学习的乐趣也就越来越高了。

在上课中或上、下学途中，忽然想到的疑问都要立刻拿出备忘小册，趁还没忘记的时候将它记录下来，然后设法早早解决它。

你要知道，疑问在刚想到的时候可真是新鲜无比，如果存放过久，就像泄了气的气球一样，魅力尽失，发生不了什么作用的。

很多经验丰富的老师都说，经常提出问题的人，应用能力总是超人一等，也是最能考得第一名的。这些人，平时看起来似乎领悟得较慢，但是在实力测验或模拟考试的时候，就会发挥惊人的潜能，拿到顶尖的成绩。

反过来说，那些平时不断点头，好像什么都懂的人，一碰到了应用问题就发傻，考不出好的成绩来。这就是勤于思考与不爱思考的区别。

注意从小培养孩子积极思考的习惯是十分有益的，年龄越小思维越灵活，随着时间增长，这个好习惯也将更加巩固，将来必定有所发现、有所发明、有所创造。

3. 潜心观察会有更多收获

眼睛是"心灵之窗"，而我们要做的就是擦亮"心灵之窗"，勤于观察、潜心探索。而良好的观察能力是提高整个学习能力的重要途径，更是增长知识、了解世界的重要途径。

善于观察的习惯对我们意味着什么？实践证明：学生观察力的强弱对学习的好坏有直接影响。如在语文拼音、识字教学中，有些拼音、生字的字形和写法只有细微差别，观察力较强的孩子一眼就能看出来，而观察力较差的孩子就常把它们认错或写错。

1975 年出生的任寰，被认为是神童，7 岁写诗，9 岁发表作品，10 岁出版第一本诗集，12 岁加入河北省作家协会，18 岁考入北京大学中文系。至今已出版诗、文集 7 部，发表各类文章近 500 篇，多次获国际、国内文学奖。

任寰小时候不爱说话，这与她从小患过敏性哮喘有关。每次住院、打吊针、输氧，她也不多话。这种生活使她自然形成了善于用眼睛观察的习惯。

任寰上小学二年级时，就经常观察、描写大自然。上小学三年级时，就学会了注意观察人物，体察人的心理，进而观察思考社会和人生。《10 岁女孩任寰诗文选》就是她观察、思考生活的结晶。著名诗歌评论家谢冕称她的诗具有思辨性。

巴甫洛夫说过,在你研究、实验和观察的时候,不要做一个事实的保管人。你应当力图深入事物根源的奥秘,应当百折不挠地探求支配事实的规律。这就是说,巴甫洛夫主张观察不但要准确,而且还应达到能透过现象看本质、力图深入事物奥秘的程度。

达尔文曾自我评价说:"我既没有突出的理解力,也没有过人的机智。只是在察觉那些稍纵即逝的事物及对其进行精细观察的能力上,我可能在众人之上。"

杜邦公司化学家卜莱克博士做了一次实验。打开试管后,他没有看到自己希望得到的东西,看来实验失败了。但是,他并没有像其他人那样随手把试管丢掉,而是仔细地观察试管,觉得里面好像有一种东西,但又没有看到。他觉得很奇怪,就放在天平上称了称这个试管,结果发现它比同型号的试管要重些。他更好奇了,又仔细地观察了之后,他发现了非常透明的特弗伦。这种物质日后为杜邦公司创造了很大的财富。

这些人,他们在某一时刻突然受到了启发,或是发现了某种意想不到的事情,都归功于善于观察。

实际上,他们为了这一天的成功也许已经潜心留意周围事物多少年了,这正是他们本身素质的体现。要知道机会只留给那些为了寻找它而不断探索的人,只要我们专心致志于周围有趣的事物,成功就会降临。

既然观察是如此重要,那么如何培养观察力呢?培养观察力要注意以下几方面:

(1)观察时要目标明确

观察是一种有目的的观看、感知活动。试验证明,课堂学习中,如果课前学生明确本次课的目的,学习效果就良好,如果不知目的,盲目地跟从老师,那么效果就会很差。因为有明确目的就能带着任务去观察、去聆听。

有人做过这样的实验：一个老师带着几个小学生到一家餐馆去吃饭，找了一个靠门口的地方入座。老师对学生说，等一会儿老师会来找我们，你们几个留意进出餐馆的人。十分钟后，老师问学生：刚才餐馆一共进来了几个人？他们都长什么模样？学生们回答都是某某老师没有来。但到底进来多少人，什么模样没有一个学生能回答清楚。这时老师又说："现在大家再观察十分钟，回去以后以《食客》为题写一篇作文。"后面10分钟学生观察都比较仔细。在作文里不但写出了这段时间里来就餐的人的外貌、性别等，还写出了人物的性格特征。这说明，观察有无目的，其结果大不一样。

明确目的就是要弄清观察什么，为什么要观察这两个问题。观察者的态度积极与否，对观察能力影响极大。一个人如果有强烈的事业心和积极学习的态度，那么，万千事物对他来说就是一本宽广无垠的"活书"，其中处处有数学、物理、化学等知识，处处有使人惊讶和值得观察思考的奥秘。反之，他可能对一切事物都态度冷漠，视而不见，充耳不闻，观察力势必陷于迟钝。

（2）观察时头脑要活跃

观察能力强可以促进知识的获得，而丰富的知识又可以提高观察能力，捕捉到不易发现的重要现象，并能使观察不停留在感性认识的低级阶段。

例如打开盛放浓盐酸的玻璃瓶盖子，看到瓶中冒出白色的烟雾，如果不懂得盐酸有关知识，就可能得出"盐酸挥发出白色气体"的错误结论。只有懂得浓盐酸的相关知识，知道挥发出的氯化氢气体本是无色的，之所以变白，是因为吸收了空气中的水而形成了白色的酸雾。这样，观察才能正确反映物质变化的本来面目。

在观察过程中，对出现的各种现象，应多问几个为什么？对观察中出现的每一种变化，都要彻底弄通弄懂，使这些感性认识通过思考上升为理性认识。例如看见金属钠被泡在煤油中保存，如果不去思考，对这一现象就说不出所以然来。如果积极思考，问一问为什么不能放在空气中，能不能放在水里保存等问题，就会使你联想到金属钠活动性极强这一特性，掌握钠的一系列性质。

（3）观察一定要细心准确

有一个化学教授曾做过一个精彩表演：他拿了一个装有煤油、蓖麻油和醋的混合溶液的玻璃瓶。伸进一个指头蘸了蘸，然后把指头伸进嘴里，好像用舌头尝混合液的滋味似的。然后把瓶子递给他的学生，让他们照着做。

这些学生照老师的样子，果真一个个都尝了起来，不是蹙眉皱额，就是呕吐不止。可见，他们尝的绝不是什么美味。这位教授告诉他们说："我是在考你们的观察能力，看你们观察仔细不仔细，我伸进瓶子里的是中指，而伸进嘴里的是食指。"学生们一个个面红耳赤，羞愧难言。但从此，这些学生都非常注意观察了。

这说明，观察时，要专心致志，对事物的形状、位置、变化过程等每一个细小的地方都应该准确无误地反映到大脑之中，这样才能获取科学的知识。

（4）观察方法要科学

观察方法十分重要，特别是整分合观察和对比观察，同学们一定要掌握。

整分合观察就是先整体观察，然后再从不同的角度进行观察，观察事物的各方面、各种特性，最后再观察它们之间的联系，从而对事物有一个整体的认识。例如要想掌握人体解剖知识，就应当首先观察人体的整体形状；再将人体结构分成各大系统，分别进行观察；各系统再分为各个器官分别进行观察；然后观察各器官、各系统之间的位置和联系；最后再回到对人整体的认识。

对比观察是改变两个相同事物当中一个的存在条件，看它会发生什么样的异常变化。例如观察种子的发芽情况，同样湿润的种子，一部分放在常温下，一部分放入冰箱中控制低温，结果发芽时间不一样，我们就可以获得该种子发芽时间与温度变化的有关知识。

观察还要有恒心，有时要坚持重复、长期地观察，因为有很多事物发展很快，观察的速度跟不上，还没有观察清楚就消失了。所以做实验时，我们要一再重复，直到观察的结果明确、可靠为止。有的事物发展过程很慢，周期很长，这就需要进行长期的观察。例如遗传学家孟德尔做了八年豌豆的杂交试验，观察了八年相对性状的遗传现象，才发现著名的分离规律和自由组合规律。

（5）观察时一定要做好记录

对观察到的现象要认真地记录下来，以便进一步研究。因为观察到的感性知识不见得立刻能上升为理性知识，原因有可能是知识和能力的问题，也可能是观察到的感性材料还不够，需要继续积累。所以要及时记录下来，便于以后有可能继续进行观察和研究。另外，观察时，各种现象数据很多，光凭记忆不可靠。应记下来避免遗忘，以便将来准确地使用这些观察结果。记录一定要真实，不能凭主观想象乱修正。不少学生在实验时不尊重观察的结果，任意修改，人为地制造"数据"，这是一种极不严肃的学习态度。

观察是一个人最基本的能力，从小培养孩子善于观察的习惯意义重大。现在我们需要用观察激发求知欲，而长大后无论从事什么工作我们同样需要观察来获取信息，求取成功。

4. 复习一定要及时

复习是为了巩固所学到的知识，加深记忆，因此我们一定要让孩子养成及时复习的习惯，今天的功课今天复习完，这样才能提高学习的质量和效率。

　　生活中，我们会发现有些同学特别聪明，对于老师在课上讲的内容一听就明白，理解得也比别人快，按理说，这么聪明的学生，学习应该很优秀，但是，事与愿违，他们的成绩很平凡。

　　为什么呢？他们自己也很纳闷："上课的时候，我明明都听懂了，也掌握了所学的知识了，怎么还是得不到好成绩呢？"

　　如果再仔细观察的话，就会发现，原来这些学生自以为已经掌握了所有的知识，而且自己的记忆力也很好，所以下了课后也不去复习，久而久之，那些学过的东西就渐渐淡忘了。

　　桥梁学家茅以升的记忆力超群，很多人曾经询问他的记忆秘诀，他回答说："说起来也很简单，就是重复！再重复！"

　　这就是在告诉我们：学过的东西，只有反复去复习，才能够牢固地记忆，并能运用自如。有这样两个大学生，A 的外语水平比 B 高一筹。毕业后，两个人在同一个高中里工作。后来 A 成了学工处长，而 B 担任外语教师。三年过去了，由于 B 天天接触外语，英语水平不断提高，口语能力也很强，并开始翻译一部外国小说。而 A 呢？自从毕业后，就极少再复习运用英语，他甚至已经想不起几个英语单词了。

　　这就是复习与不复习的巨大差别。

　　心理学研究表明，刚学过的东西如果不马上复习巩固的话，就会产生遗忘。虽然你上课听懂了。但你省略了复习环节，这样致使所学的知识的系统性、完整性受到破坏。时间一长所学的知识就会模糊、不系统、被忘却，这样的知识当然容易忘记了。

　　教育学家曾经做过这样的实验：让三个组的学生熟记一篇诗歌，第一组间隔一天复习；第二组间隔三天复习；第三组间隔六天复习。一直达到熟记的统一程度，结果第一组学生平均需复习四次；第二组平均需要复习六次；

第三组平均需要复习七次。可见，复习间隔的时间越短，复习的次数越少。实验结果表明：如果复习能做到及时，可以提高熟记的程度。

那么，如何进行有效的复习呢？

（1）课后回忆法

课后回忆法很简单，即在听课的基础上，把所学内容回忆一遍，它可以检验你的听课效果。

也有人把课后回忆叫做"过电影"。如果能顺利回忆，就证明听课效果好，反之就应寻找原因，改进听课的方法。

回忆是一种积极主动的活动，需要高度集中注意力，把学过的知识在头脑中"重播"一遍，从而巩固所学的知识。

你可以一个人单独回忆，也可以几个人在一起互相启发、补充回忆。课后回忆可以按教师的板书提纲进行，也可按教材的纲目结构进行，从课题到重点内容，再到例题和每部分的细节。

电影开幕前的那几分钟，你是在焦急地等待，还是与人叽叽喳喳议论不休？还有等电梯的时候，在站牌下等公交车的时候，在回家的路上……这么多等待的时候，也许只有几分钟，可是如果能在这短暂的几分钟里，把今天刚学的内容在你的脑海里像放电影一样放映一遍，效果肯定大不一样。

这种方法至少有两个优点：一是快。放电影回忆法可以简单回忆知识点，也可以详细回忆所有的内容，所以可快可慢，可以充分利用生活中一些零碎的时间。二是可以查缺补漏。放电影回忆是在脑海中尽可能清晰地重现学过的内容，如果放映不出来，说明还没有完全记住。这时要立即看书并找出记忆的薄弱环节，如此循环往复，记忆效果将会倍增，而且所记内容也会清晰无比、牢固准确。

（2）整理课堂笔记

课堂听课时间是有限的，而且老师讲课的速度较快，难免会漏记一些内容，这就需要课后整理笔记时加以补充。特别是提纲式笔记，它只记录了课堂内容的纲要，因此必须整理笔记，充实内容。

此外，在课后复习中，可能会有新的发现，新的体会，也需要补充到笔记中去。整理好的笔记，应该线索清楚、重点突出、内容简要，应该是一份经过自己的加工、适合自己使用的复习资料。

需要注意的是，无论你采用何种方法复习，都一定要做到今日事今日毕，有的孩子放学回家，先复习一些功课，饭后看电视，剩下的功课就想留到明天再复习了。其实，这样也是会影响记忆效果的，如果能当天晚上把它复习完，就都记住了，如果等到第二天晚上再复习就会遗忘一些东西。打个简单的比喻，比如你第一天晚上用 30 分钟复习可能完全记得住；如果放到第二天晚上再复习，就可能用 40 分钟才能把要记的东西记住。这些看来都是小事情，但是，不要放任和迁就自己，以免养成不良的学习习惯。

要力争做到今日事今日毕，安排今天复习的课程绝不能放到明天再去完成。只有这样，才能强化自己复习功课的意识，养成及时复习的良好习惯。学会同遗忘做斗争，掌握提高记忆效果的方法。

复习不应该是简单机械的重复，而是应当对复习内容加深理解，力求通过听、读、写、说等多种途径来提高复习效果。只要能把良好的复习习惯保持下去，就一定能获得优异的成绩。

5. 学习还得要勤动笔

俗话说："好记性不如烂笔头。"生活中我们会发现，那些学习成绩好的同学大多有勤动笔的习惯，因为写的过程就是强化记忆的过程，勤动笔就可以让知识在脑海中留下更清晰和深刻的印象。

如果仔细观察一下，就会发现，有些学习好的同学在学习的时候，习惯拿一个小本子，一边看书，一边在本子上写写画画。

而另外一些同学在学习的时候，就不是这样了，他们仅仅是在看书罢了。

我们都知道，学游泳时，一般都是先在陆地上学如何摆动手脚。但是，即使在陆地上学得再熟练，如果永远不下水试试，还是学不会游泳的。

同样的道理，我们在记忆某种知识的时候，只是不管三七二十一地往大脑里猛记，是起不了什么作用的。应该动手去"写"，在"写"的过程中使知识在脑海中留下清晰而深刻的印象。

比如，在准备数学考试的时候，有的人只是猛看习题的解答方法，想在"看"的过程中将其牢记，而不愿用笔去亲自解答。这是不对的。要牢记某种知识，边写边记才是最确实可靠而且行之有效的方法。

有时候脑袋里一片空白，怎么也想不起来的事，如果以前曾边写边记过，这时只要你拿笔一写，往往就自然而然地在笔端出现些眉目了。

"要记得牢就得多动手。"话虽如此，这个世界上仍有不少懒得动笔的人。现在问你一个问题，有没有随身携带纸笔的习惯？

确实，临时想起要写什么，还得先找出小册子和铅笔，挺不方便的，因此也就更加不想书写了。如果身边经常放着小册子和铅笔，情况就大不一样了。

比如，将小册子和铅笔经常放在书桌、餐桌之类某个固定的地方，就可以免去寻找之苦，而且由于伸手可及，使用它们的可能性就大大增加。

当你突然想到要整理或记忆某个知识，可以就近拿到小册子和铅笔，这样就方便多了。

另外，还要注意多写几次，比如记英语单词的时候，我们一般习惯拿着笔在草稿纸上写下那个单词。但是，如果只写一遍的话，是万万不行的。

用手写一个字，看起来很容易，但是深入地分析一下，就会发现该过程是相当复杂的。

首先是以眼观事，以耳听事，然后将这些看到的、听到的信息传给大脑，再由大脑发出信号、指挥手的动作，在手臂肌肉的协同努力下，才写出一个字来。

由此可见，写的动作至少要三次，借此试试身体各部分是否配合得当，从容自如。

写的动作，不是由手控制的，而是由大脑控制的，大脑越训练越灵活。所以平时自认为记忆力不佳的人，可以培养起"多写"的好习惯，你会为自己记忆力的进步而大吃一惊。

"写"是最有效的记忆方法之一。它的第一个阶段就是"边看边写"。光是"看"不足以抓住要点，"看着写"就可以捕捉到未曾注意的细节，就可以将模糊的记忆跟正确的事实进行比较。

第二个阶段就是要试试"边背诵边写"了。为了达到这个目的，你就必须对需要记忆的事项做彻底的了解。

因此，当你无法做到第二步时，就不得不返回到第一阶段，把必须记忆的东西重新背好，再进入第二阶段。如此多次的反复，再难的东西也能够牢牢记住了。勤动笔的另一种方法就是做笔记。在课堂上，恰当而合理地做好笔记是非常重要的。每一个学习成绩优秀者一定是做笔记的高手，他们能够体会到记笔记的重要性，而且知道如何去记好笔记。总的来讲，笔记应该发挥这样几个作用：

①帮助理解和巩固所学的知识；

②整理自己的思路，加深思考；

③通过学习过程的记录，总结自己的学习方法；

④使模糊的认识和疑点变得明确。

所谓的记笔记，并不是在笔记本上重新抄录教科书已有的内容，这无疑是多此一举，用不着如此费力耗时；而且笔记内容如果连自己都不晓得哪些内容是写在哪里，杂乱无章，那就更无法发挥笔记本的功用。

笔记务必发挥"超级辞典"的作用，记的原则是将必须知道的基础性知识和应用项目，有条不紊地整理成册。

那么记笔记就是把老师的话全都记下来对吗？

这种理解是错误的。

做笔记并不是愈详细愈好，它的价值是在于用心听课后，把了解透彻的内容，以自己的语句重新写出来。所以，笔记的内容必须简明扼要，做到只需瞄一眼就知道那一堂课的内容大纲，而不必有一句记一句。为了列出这样的大纲，需要花一点脑筋，才能整理出来。

这个"超级词典"应该是一个简单明了的综合式笔记。一般来说，它必须包括：预习时查出来的疑问、老师讲课的重点、参考书中得来的资料、从报纸上找来的剪贴资料、例题、练习问题、自己容易犯错的地方、同学的另一种解答方法等等。

把上面的这些内容全部都整理在一本笔记本内，它才能发挥"超级辞典"的作用。

那么，课堂笔记到底该记些什么呢？

①记老师的板书。这些是老师讲课的思路，也是重点内容。如：基本的大小标题，基本定义、原理等，力求准确。还有在分析问题的过程中老师在黑板上画的图形、表格、文字说明、关键词语、有说服力的数据、典型事例等。

②要简明扼要地概括记录老师的讲解，特别是例证分析——可谓课堂讲

授的精华，一定要尽量记录。

③记下自己在听讲过程中突然产生的对解决某个问题有启发意义的灵感或殊途同归的解题思路，尤其是最佳方案。

其次，在笔记的版面上应注意以下两点：

①笔记与通常书本不同，它主要是一种供我们复习用的纲要式文本，因此在版面形式上也要注意与一般书本区别开来，要力求做到简明扼要、形象生动、一目了然。重点、难点、疑点要记全，但不必照抄老师的原话，否则会因忙于记笔记而顾不上听下面的内容。

②笔记不要写得太密，最好在一页纸的左边、右边或下边留有空白，以便以后做补充。

好的笔记还有自己的独特方式，包括各种各样的记号，彩色标记以及在课后复习过后留下的痕迹和进一步的疑问，同时还应该在笔记边缘处列出小标题，以便于整理思路。记好笔记本身就意味着一种学习，善待了自己的笔记才能说是真正善待了自己的学习。

对于课堂上做的笔记，在课后要进行及时的复习，可以采用以下三种办法：

①圈点法。运用自己熟知的符号，如"圈"、"点"、"线"、"框"等，圈定老师讲解的知识重点，锁定目标，便于今后复习巩固时掌握重点。注意标示位置要恰当，目的要明确，切不可"鬼画符"，似是而非，在课后整理的时候自己也看不懂。

②文字压缩法。上课认真细致地听讲，留心老师反复重复的话题。边思考边把重要的知识要点在相应的地方记录下来，只记几个重要词语，其他一律用省略号代替。对不清楚的记录要利用休息时间进行整理，切不可贪多求全，把记笔记当成听写训练而忽略对知识的"消化"。

③卡片法。把笔记整理成回答式的卡片，贴进书里。卡片逐渐增多，你

的视野也会随着教材"丰满"起来，书就成了一个"袖珍图书馆"。制作卡片要讲究科学、简明、实用；纸片不宜过大，内容不宜冗长，以免成为复习时的精神负担。

　　勤动笔的好习惯应该注意从小养成，这样好习惯才会更加巩固，孩子的学习劲头也就会越来越大。

中篇

PART 2

走出误区

错误的方式不利于孩子良好习惯的养成

要想让孩子养成各种有利于人生成长的好习惯，家长必须改正一些经常使用但又十分错误的教育方式。这种教育方式在潜移默化中放大了孩子性格中的消极因素，促成了许多不良习惯的养成。

第四章
过于溺爱会让孩子习惯于任性而依赖

现在一般家庭尤其城市家庭大多只有一个孩子，往往形成父母加上爷爷奶奶几个人围着一个孩子团团转的现象，于是溺爱不期而至。在溺爱中成长的孩子思想和行为方式带有明显的任性、依赖的习惯特点，这对他以后生活的影响是十分不利的。

1. 溺爱孩子就是在害孩子

世界上没有父母不爱自己的孩子，然而爱孩子也要爱得理智、有原则，这样才能让孩子健康成长。溺爱孩子只会害了孩子，滋长孩子的坏毛病，养成各种不良习惯。

现在的孩子大多是独生子女，因而在家中备受宠爱，然而事实证明，过分溺爱与娇惯会使子女遭到毁灭。对子女的爱，就是因为过了头，才变成了

"害"。水之所以能溺死人，是因为人被水淹过了头，吸不到氧气而窒息。"严家无悍虏，慈母有败子"，这是千百万父母家教实践经验的正确总结，值得每个父母吸取。

目前，对独生子女的溺爱，已经成为一个较为普遍的社会性问题。

有一位父亲，他与妻子把所有的爱都给了独生儿子。但儿子却很自私，对父母那种无私的爱丝毫不懂得感恩，也没有想过要关心父母：好饭菜要独吃、先吃；只知道伸手向父母要这要那，当父母生病时却不闻不问。而当父母问到自己老了孩子该怎么办时，孩子居然认真地回答："对我有利就养你们！"

有这样一个故事：

有一位母亲，为了儿子，为了丈夫，放弃自己不错的工作，整天在家相夫教子。她每天都不辞辛苦地骑车送儿子上学，打零工赚钱供丈夫攻读学位。丈夫毕业后，功成名就有了钱，抛弃了妻子，带走了儿子。儿子跟着有钱的爸爸，进了贵族学校读书，却很少想到曾经为他付出很多的母亲。

当这位妈妈想儿子时，特意买了一件新衣服到学校去看儿子，儿子却嫌弃母亲穿得太"土"给他丢脸，告诉同学这是他的"老乡"。后来，儿子竟提出了一个无理的要求：让母亲做他的"地下妈妈"，否则就不认她这个妈！这位可怜的母亲心都碎了。她不明白，为什么天下会有这样无情无义的孩子？自己究竟做错了什么，怎么用十几年的爱换不到儿子的一丝感恩，却得到这种冷酷无情的回报？

从孩子的降生开始，到孩子成长的每一天，父母都带着望子成龙的心情对孩子倾注了无限的爱。但过分溺爱并不能使孩子成才，望子成龙这句话应该改为育子成龙，因为目前我们的家庭教育中有一种倾向是颇令人担忧的。曾有一位儿童教育家说过：只知索取，不知付出；只知爱己，不知爱人，是当前独生子女的通病。仁爱是人类最光辉灿烂的人性，最崇高伟大的品德，教子做人，首先要赋予他一颗仁爱之心。

如何正确引导和教育孩子是家长、老师、学校及社会各界都关心的问题。事实上，如果过分溺爱孩子就会适得其反，不仅不利于孩子的健康成长，反而会害了孩子。有人说，孩子就如成长中的小树，需要及时修枝、打杈，这样才会使孩子长成有用之才。

由于家长的溺爱，现在社会的孩子也逐渐学会了如何攀比。现年 15 岁的苗嘉，从小在家备受宠爱，爸爸妈妈身上穿的都是名牌服装，脚上穿的是名牌鞋，妈妈的化妆品就更别说了。有一次星期天，苗嘉走到爸爸面前要求爸爸给他买双名牌鞋子，遭到拒绝后，他撂下了一句话："不是名牌我不穿，买回来你自己穿吧！你整天打麻将，有了钱只知道给自己买名牌，我都 15 岁了，也要穿名牌！"

几位家长反映，如今孩子太难教育，说狠了，孩子就以离家出走或以死相威胁。一位靠打工维持生活的母亲含泪说道，前两天就因为没给儿子买阿迪达斯名牌运动鞋，儿子把家里的钟表给摔了，过去挺懂事的，不知现在怎么变成这个样子了。多数家长认为学校对学生进行勤俭节约美德的教育不多，学生间攀比的风气越来越严重，个别老师的言谈举止也在影响孩子。

家长过分溺爱孩子，使孩子时时有优越感，稍不顺心就拿生死当砝码，有因为父母不让玩游戏机而轻生的，也有因为没得到自己想要的礼物而轻生的。这都是由溺爱导致的。

溺爱并不是爱孩子，而是把孩子往火坑里推。被溺爱的孩子很难遵守规矩和自我约束，他们以自我为中心，凡事只会想到自己，自私自利，认为规矩都是为别人制定的，与他们无关。"剃头挑子一头热"的单向传递的爱造成孝敬的颠倒，使得孩子只知享受别人的爱却不知爱别人，久而久之就会造成孩子自私、冷漠、任性、放纵等不良性格。

其实，爱孩子，可以智爱。放弃用过分控制或纵容的方法对待孩子，用慈爱而坚决的方法教育孩子、培养孩子，会对孩子的成长更有好处。当孩子做了错事，父母要讲明是非，纠正错误，再以适当的方式表示亲昵，使其感到父母仍然是爱他的。这样能激起孩子对父母由衷的爱戴与尊敬，也能使他感觉与体会到父母养育自己的艰辛。

罗马是靠一沙一石来建成的，爱的海洋也要靠一滴滴水来汇集而成。自小培养孩子同情心和怜悯心，就是在他身上培养善良之心。培养善良仁爱之心，是教育首先要做的事情。孩子最初的同情心和怜悯心是成人同情心和怜悯心的反应，所以，父母同情别人的困难，他们的言行会深深打动孩子的心灵，感染和唤起孩子对别人的关心。

经常让孩子看到大人是怎么同情、关心、帮助别人的，对于培养孩子善良品质是最好不过的了，孩子会把自己痛苦时的感受与别人在同样环境下的体验加以对比。体会别人的心情，可以使孩子学会理解别人，学会移情。例如：看到小弟弟摔倒了，你可以启发孩子："想想你摔倒时，是不是很疼？小弟弟一定很难受，快去扶起他，帮他擦擦脸。"在公共汽车上，你可以对孩子说："你看，那个阿姨抱着小弟弟多累呀，我们让她们坐到这里来吧。"新闻报道有人缺钱做手术，生命垂危，你可以带孩子去捐款，献上一份爱心……

随着孩子的长大，还要逐步扩大教育内容，教育孩子热爱生命、热爱祖国、热爱科学、热爱劳动、热爱事业、热爱人生……

一点一滴的培养，一言一行的引导，就会在孩子心头扎下根，就会随着孩子的成长而不断扩展和升腾。

在心理学上，有这样的说法：人如果长期在一种"特别幸福"的空间里，就会造成"健康心理过剩症"。这种心理疾病的特点之一是对幸福的感觉明显降低；二是特别害怕困难，不愿接触人世间的艰难困苦，甚至会将一些平常的事也误认为是痛苦而神经过敏。然而我们不能否认的是，艰难困苦是生活中客观存在的，谁也没有本事消灭它或者回避它。今天，身为孩子家长的你，也许有能力帮孩子铺平眼前的道路，那么将来呢？能让羽翼未丰的孩子永远不离开自己的庇护吗？当父母不能常在孩子的身边时，那么孩子又能依靠谁呢？

在溺爱中成长的孩子会有很强的优越感，常常眼高手低，不善于与人相处，而当他们看到别人的进步时，又很容易产生怨恨与沮丧的情绪。

孩子是家庭的希望，社会的未来。关爱孩子是一种神圣而伟大的情感，全世界的父母都在为孩子的成长付出自己的心血。当孩子逐渐长大，父母应该给予孩子更大的空间去独立思考和做决定，让他们学习自己面对问题与解决问题的方法，而不再是处处被照顾得无微不至，这样做才是真正地爱孩子。

爱孩子是连动物都会做的事情，要教育好孩子就不能一味溺爱。有节制的爱才能让孩子养成良好健康的习惯，更加独立地面对生活，更健康地成长。

2. 独立才会有用

教育学家认为：爱孩子就要培养他独自面对一切的能力，千万不要让孩子对家长产生严重的依赖心理。因此，父母们应当从小培养孩子的独立意识，不妨让孩子吃点苦、经经风雨，这样孩子才能成为一个独立的有用的人。

瑞克是个活泼的男孩子，他非常喜欢参加学校组织的各种活动。

一个周末，瑞克的老师组织同学们去郊游，当瑞克赶到学校时，他的老师不让他参加班级的这次活动，因为他忘了带父母签字的同意书。瑞克感到非常气愤，当他回到家时，就对妈妈说："妈妈，你必须开车送我去 41 区参加活动，不然我会不开心的。"

"瑞克，我知道你很想去，我也希望能够帮你，但让我开车送你去是不可能的。因为我有工作要做，而且要去参加郊游是你的事。"妈妈回答说。

"那怎么办呢？"瑞克低着头小声说道。

妈妈看了看儿子，说："你可以乘公共汽车去呀。"

瑞克摇了摇头："不行，那样太麻烦了，因为我必须换乘好几趟车。"

"哦，你是说你已经决定不乘公共汽车了，对吗？"妈妈平静地问道。

瑞克接着又发了几分钟牢骚，诉说他的不幸，然后就走出了房间。当他再次回来的时候，他兴奋地对妈妈说："我已经找到了一辆直达山区的公共汽车，根本就不需要转车。"

就这样，妈妈开车把他送到了公共汽车站。

我们可以想象一下，瑞克在赶上郊游队伍之后该有多么高兴，因为他凭借自己的力量解决了问题，而在这件事情中起到关键作用的妈妈也是非常令人佩服的。在了解儿子的困难后，她本可以开车把儿子送到山区，但她没有这样做，而是坚持让儿子自己坐车去山区，锻炼了孩子独立处理问题的能力。

生活中我们常说，自己的事情要自己解决。哪怕你完成得没有别人好，那也是你自己的劳动成果。这一次也许会做得不好，但下一次就会好一点，经过这样一次次的努力，最后才能做得完美。如果总是依赖别人，那么你的一生将始终与贫穷和低声下气为伴。孩子有了自己的能力和地位后，与家人和社会的沟通才会变得更容易，才更能适应周围环境的变化。

现代家庭里的孩子大多是独生子女，是泡在"蜜罐子"里的一代，许多事情都由大人包办，衣来伸手，饭来张口，孩子在这样的环境中很容易就会失去自己的独立性，这无疑会对孩子以后参与社会竞争产生不利影响。因此，父母一定要从小就开始鼓励孩子独自去完成一些事情，以培养孩子的独立能力。孩子们应该成长为一棵独立支撑、独当一面的大树，而不是靠大树遮风挡雨、经不起风吹雨打的脆弱小草。

戴维·布瑞纳出生于美国一个中产阶级家庭。当他中学毕业时，许多同学的家长都给自己的孩子一份厚重的毕业礼物，有的是新服装，有的是旱冰鞋，有的甚至得到了新轿车。当戴维兴奋地问父亲自己可以得到什么礼物时，父亲却慎重地递给他 1 美元，并语重心长地说："用它去买一张报纸，一字不漏地读一遍，然后在分类广告栏目，找一份工作。自己去闯一闯吧，它现在已经属于你了！"

"什么？！这怎么可……"戴维的神情中有着明显的失望，还有对自己能力的担忧。

"儿子，你已经中学毕业了，爸爸相信你的能力，相信你能靠自己的双手赢得你该得到的。"戴维的父亲鼓励儿子道。

父亲的信任与鼓励，让小戴维终于鼓起了勇气，在那个假期里他赚到了第一份工资。从那以后，他学着不再依赖父母，自己独立处理遇到的事情。也正是这份独立意识加上不断的努力，让戴维成了美国最著名的喜剧演员之一。

成名之后，戴维对朋友感慨地说："我一直以为这是父亲跟我开的一个天大的玩笑。几年后，我去部队服役，当我坐在伞兵坑道里认真回忆我的家庭和我的生活时，才意识到父亲给了我一种什么样的礼物。我的那些朋友得到的只不过是轿车或者新衣服，但是父亲给予我的却是整个世界。这是我得到的最好的礼物。"

表面看来戴维的父母对孩子似乎有点残酷，然而这种"残酷"里却藏着父亲对儿子用心良苦的爱和深深的期望，因为他知道在孩子年少时培养他处理问题的自立能力、积累丰富的人生经验，这才能为孩子日后的成功奠定良好的基础。

人的一生就像在攀登无数台阶的山峰，对于孩子如何面对和攀登这些人生的台阶——学习、工作和生活，父母的做法不尽相同，有的牵着手、搀扶着上，有的抱着上……不同的父母会有不同的做法。但是结果很明显，被家长牵着、搀扶着的孩子，对父母有很强的依赖性，常常把父母当成拐棍而难以自立；被家长抱着上台阶、揽在襁褓里的孩子，会成为"被抱大的一代"，不经风雨，不见世面，更难立足于社会，更别说大有作为。只有那些在父母鼓励下，独立攀登的孩子，最终才能攀上光辉的顶点。

在美国，经常可以看到一些孩子在校园里拾垃圾，把草坪和人行道上的报纸、冷饮罐收集起来，向学校换取一些报酬。他们一点儿也不觉得难为情，反而为自己能挣钱而感到自豪。有的家庭经济很富裕，但在孩子八九岁时便鼓励他们去打工、送报，挣零花钱，目的是培养孩子自力更生、勤俭节约的习惯。美国富豪洛克菲勒就是其中之一。洛克菲勒很小的时候就开始靠给父亲做"雇工"挣零花钱，平时清晨他便到田里干农活，有时还帮着母亲挤牛奶。为此，他专门有一个用于记账的小本子，将自己的工作按每小时 0.37 美元记入账，然后再与父亲结算。他做这件事做得很认真，因为他感到既神圣又趣味无穷。而洛克菲勒的第二代、第三代乃至第四代，也都严格照此方法教育孩子，而且还要定期检查他们做事的效果，否则，谁也别想得到一分钱的零花钱。

洛克菲勒家族让孩子这样做当然不是因为吝于给孩子零花钱，也不是父母有意苛待孩子，而是通过这种方式鼓励并培养孩子艰苦自立的品格和勤劳节俭的美德。那小账本上记载的不仅仅是孩子打工的流水账，更是孩子接受考验和磨炼的经历！

家长不能总是把孩子关在自家的大门之内，像老母鸡那样，时时刻刻都把孩子拢在自己的身边。那样，他们就永远学不会独立活动、独立生活和独立处理问题、解决问题。应当打开家庭"城堡"的大门，把孩子放到社会生活中去，以社会为"课堂"，以社会生活为"教材"，向社会学习，向实践学习，在社会实践中增长见识，开阔眼界，经受磨炼，增长才干，提高适应社会生活的能力。

"不经一番严霜苦，哪有梅花扑鼻香"，真正爱孩子就要放手让孩子独立闯荡，这样孩子才能在风雨磨炼中成为有用的人才。

3. 对孩子不合理的要求要艺术地拒绝

一味溺爱孩子，事事顺孩子的意，就会让孩子养成诸多不良性格，因此对孩子的一些不合理要求就一定要拒绝，这样才会让孩子变得懂事起来。

现在，越来越多的家长经常会感叹："我们小时候什么也没有还不是每天高高兴兴，现在的孩子什么都有，却老是不满足。"确实，由于家长们习惯于过问孩子们的物质需要，过分给予子女物质享受，使孩子的性格变得骄奢、自负、贪婪，到头来，想管都没法管了。

其实，孩子的心灵本是一片白纸，他们的思想、行为与父母的思想、教养方式、行为准则息息相关。可是人的欲望永无止境，小孩亦是如此，甚至更为强烈。本来，孩子是没有自立能力的，他的需求很自然要靠家长来满足。可今天的孩子生活在现代社会，他们不仅从父母身上也从电视上、从大街上、从网络中看到这多姿多彩的繁华世界，他们的视野宽广，他们的欲望也变得强烈。而家长们管这些事的体现就是千方百计予以满足，唯恐落在他人之后。不要说以有限的精力、财力、时间去满足孩子无休无止、花样翻新的欲望几乎是不可能的。其实，对孩子的需求全部都予以满足首先就是一种大错误。过于迁就孩子，等于促使孩子养成随心所欲、唯我独尊的不良思想，势必导致他们在日后迈入社会，进入实际学习、工作、交往中碰得头破血流，诸事不顺。

　　基于上述情况，在日常生活中，家长对孩子的不合理要求不能不管。对孩子非分的需求也不要迁就，即便对孩子正当的要求，有时基于家庭的经济条件，或者出于教育孩子的目的，也未必一定全部满足。但是，不要迁就孩子必须讲究方法。小孩虽小，可心里明白，自己所依靠、所依赖的就是父母，孩子的心灵是很脆弱的，轻易甚至粗暴地拒绝孩子的需求会导致孩子的心理受到损伤，产生不安全、无所适从的感觉。当你准备不迁就孩子的要求时，要三思而后行，决定之后就把自己的理由坦率认真地告诉孩子，要相信孩子的认知能力，使孩子最大限度地理解自己的做法，要给孩子讲道理，让孩子感到家长不是通过干涉自己的自由来管自己，而是自己的要求过分，或者家里的确有困难。让孩子自幼明白道理与克己节制，心理有承受一定的挫折的能力，这对他们今后的生活道路亦是大有裨益的。

　　拒绝孩子的不合理要求也是有必要的，但也是注意方式、方法，掌握一些方法、策略更是不可或缺。

　　比如家长在拒绝孩子的同时，答应他如果条件许可，一定会满足他的合理要求，但必须信守诺言，千万不要自以为孩子过后就会遗忘。信守诺言，不仅会树立自己的威信，在孩子方面，也会感到父母管自己是真正关心爱护自己的。还有，家长假若眼光敏锐，注意观察孩子，出乎孩子的预料，主动满足孩子心中渴望而又没有说出来的愿望，更会事半功倍，令父母与孩子间的感情融洽，并逐步建立起相互理解、相互信赖的关系。

　　许多家庭的家长尤其是祖父母都有追着孩子吃饭的习惯。摄取足够的营养是孩子健康成长的基本条件，所以在进餐的问题上父母会同孩子发生很多争执。例如在家中母亲精心地准备了晚餐，孩子却提出要吃另一种食物。这里面不仅是一个进餐的问题，也经常是孩子与父母进行的权力斗争。孩子很懂得父母对他饮食的关心，因此相信有了操纵父母的砝码。事实证明他们在这一点上是有眼光的，父母不忍心孩子挨饿缺乏营养，往往屈从于孩子的要求，或者另备食物，或者带着孩子去买他爱吃的食品。在这个问题上家长朋友应该更理智一些，事实上孩子一顿不吃饭，对他的健康并无太大影响。如果一味满足他的要求，反而容易养成他偏食的习惯。有了这样的经验，孩子受到了鼓舞，认为可以用他的意愿来控制妈妈，甚至发展到脾气到来时打妈妈几拳，妈妈就是这样用自己的心血培养出一个自私自利为社会所不能容忍的怪物。妈妈这样做的结果不但牺牲了自己应享有的权利，也为孩子将来的生活埋下了隐患。

生活中常遇到的情况是孩子坚持要买新玩具，被母亲拒绝。孩子质问母亲为何刚才替自己买了新衣服，现在却不肯买玩具给他玩？并以哭闹相威胁。母亲可能怒火冲天，当众大骂或给孩子一巴掌，结果孩子在回家路上大哭不止，做母亲的不但十分尴尬，甚至其他家人也会受到牵连和骚扰。母亲在孩子的苦苦哀求下，不如先遂了孩子的愿望，待回家再慢慢教导："你看你的玩具已经多得没处放了，你还要添置新的。阿姨家涛涛的一个小坦克玩好久了也没有换，一件心爱的玩具才是最重要的，比你每天换新的要强。"这种低调处理会出乎孩子的意料之外，会令孩子歉疚，他的脑海中可能会出现另一个他，叫自己以后不要提无理要求。

如果父母对孩子无论什么事总是最终妥协、同意，允许其破坏规矩，自己就会显得很软弱，不坚决，没主见。孩子的行为就会表现出对自己的不尊重，不停地接受孩子破坏规矩，每一次破坏规矩的行为似乎都不无道理，但如果把这些都放在一起，父母就该好好考虑考虑了。孩子们有时就是在父母的妥协中放任自己的。

真正爱孩子不是事事顺他们的意，而是意足他们的合理要求，巧妙地拒绝他们的无理要求，这样才能让孩子养成良好的习惯，并且健康成长。

4. 让孩子从小学着吃点苦

现在的孩子大多由父母宠着、爱着，泡在糖罐里，就像温室里的花朵一样，难以经受风吹雨打，而这样的孩子也很难适应未来"优胜劣汰"的残酷竞争。因此家长们在孩子小的时候，就要有意识地让他们吃点苦。

中国的一些父母们，因为自己小时候吃了不少苦，因而打定主意坚决不让孩子再吃苦，他们总是千方百计地满足孩子，保护孩子。一些孩子甚至上了高中还不会洗衣服，不会照顾自己，所有跟"吃苦"有关的事全由家长代劳，然而这样做有什么好处呢？只能培养出一些娇气、只会依赖父母、又吃不了苦的孩子。

在一次夏令营里发生了这样一件事：按照计划，60 名孩子要长途步行40 公里，途中自己做饭，搭帐篷，行程是 3 天。可在第一天上午，就有 6个孩子哭着给家里打电话，抱怨说太艰苦了，要背着很重的包走那么远的路，而一个女孩则哭着非要爸爸马上来接她。结果到终点时，60 名孩子只剩下37 个，其余的孩子都因为吃不了苦，中途放弃了。随团的一位医生感叹地说："现在的孩子太娇了，现在连这么一点苦都吃不了，以后到社会上怎么办啊！"

这样的担心并非没有道理，可一些家长仍在执迷不悟地"保护"孩子，生怕孩子受罪。然而，就在许多家长挖空心思地满足子女的各种要求时，美国人却千方百计地对他们的孩子进行"吃苦教育"。为了让孩子了解过去困难的日子，美国一家学校给孩子们做了"忆苦饭"，结果，孩子则面对当年大人吃过的黑面包号啕大哭，拒食 3 天。校方毫不动摇，第 4 天，孩子终于咽下了这顿忆苦饭。在美国的许多孤岛或森林里，人们常常可以看见美国小学生的身影。他们在没有老师带领的情况下，面对着既无水源又无淡水的可怕的自然界，安营扎寨，寻觅野果充饥，捡拾柴草，寻找水源，自己营救自己。一位孩子参加野外训练归来后，感慨地对老师说："我以前以为供我们享受的一切现代化设施都是本来就有的，荒岛的历险才使我明白，人生来两手空空，一切都是劳动创造的。过去老师讲劳动光荣，我们没什么感觉，如今才真正理解了这个词的含意。"

而日本的家长也说："在送给孩子幸福之前，先要送给他们苦难。"在日本的幼儿园里有一条不成文的规定：每逢冬天，孩子都要赤身裸体于风雪之中滚爬跌打一定的时间。天寒地冻，不少孩子嘴唇冻得发紫，但在一旁的家长们个个硬着心肠，没有一个上前搂住自己的孩子。他们知道，这样不仅换来孩子真正的健康，而且还能锻炼孩子面对艰苦与挫折的意志。

能吃苦中苦，方得甜上甜。一些教育学家建议家长们运用"苦磨计"教育孩子，多给孩子吃些苦，让孩子体会生存的艰辛，逐步提高孩子的心理承受能力和坚韧不拔的生存毅力。

吴总的儿子多多6岁了，有一天吴总带他去剧院看演出，出来的时候已经是下午四点了，多多嚷着肚子饿，要回家吃晚饭，没想到车子偏偏坏在了半路上，怎么办呢？吴总想了一下，就对儿子说："多多，现在离咱们家只有3公里左右了，爸爸打电话叫人来把车拖走，咱们走回家去吧！"多多不高兴地说："爸爸，好饿啊！咱们打车回去吧！""不行！"爸爸一下严肃起来："这么点苦都吃不了吗？我像你这么大的时候还曾饿着肚子走30里山路呢！"于是父子俩开始沿着马路往家里走，3公里的路整整走了一个小时。有人问吴总为什么要这样做，吴总回答说："为了让孩子能够吃点苦。"

美国的芭贝拉·罗斯说："父母必须让孩子知道，在成长的道路上，不可能是一帆风顺的。成功往往是与艰难困苦相伴而来的。"儿童教育学家们普遍接受的一种观点是：战胜生活中挫折和困难的勇气，是在童年时开始树立和发展的。因此为了孩子着想，父母们必须尽早对孩子进行吃苦教育，让他们自小受到艰难困苦的磨炼，有了吃苦精神孩子们才能在未来的竞争中立于不败之地。

为了让孩子在将来少吃苦头，在孩子成长过程中，家长不妨适当让孩子吃些苦，培养孩子的意志和毅力，让他们将来能够适应充满竞争的社会。

5. 劳动锻炼是培养孩子健康个性的必须

生活中，很多孩子都是"四体不勤，五谷不分"，什么都不会做。而孩子的父母却不以为意，要知道我们现在还是一个按劳取酬的社会，没有劳动就没有收获，如果孩子养成了懒散的性格，父母们怎么能指望孩子在将来的工作中做出成绩呢？

劳动是成功的本源，因为美好的东西如果轻易得到，孩子就会毫不在意，只有让他们亲自付出相应的劳动，才能懂得珍惜、爱护这些美好的东西。而那些优秀的人物，那些伟人，无一不是在苦难中，在贫困的推动下，勤奋劳作，而终于脱颖而出的。生长在城市里的孩子往往就像温室里的花草一样，很少经历风吹雨打，他们不懂世上还有"艰辛"二字。他们不懂得体贴农民，不知道爱惜粮食和敬重土地，他们已经丧失了把劳动作为美德的最朴素的理解。而让他们获得这种理解，体会这种艰难，培养起对劳动的兴趣，便只有让他们亲自去体验。

现在，许多家庭物质条件好了，又只有一个孩子，所以一门心思地想让孩子尽量少吃点苦。孩子要什么就给什么，生活上照顾得无微不至，口袋里零花钱不断。特别是城市孩子，生活在父母的羽翼下，衣来伸手，饭来张口，几乎与劳累无缘。这样做的结果，一是使孩子不知一饭一粥来之不易，二是使孩子生活难以自理，将来更难以自立于社会。

鲁珀特·默多克是世界传媒业的龙头老大，他从澳大利亚一份地方报纸起家，奇迹般地建立了一个国际传媒帝国，而这个奇迹之所以能够出现，靠的就是他的苦干精神，而他的苦干精神，得益于儿童时期母亲对他的劳动教育。

在谈到母亲对他的影响时，默多克说："我想是她的严格要求使我懂得了世界上没有免费的午餐，财富要靠自己去创造的道理。"

他的母亲伊丽莎白是个极有主见的女人，在教育孩子方面，她有自己的办法。她对默多克很严厉，很少迁就儿子，经常让他整修花园，打扫房间，洗衣服。

为了培养默多克的价值观，让他理解报酬必须靠劳动去获取，她让默多克选择劳动的种类、方式，然后计件或计时从她这儿领取相应的报酬。

伊丽莎白后来回忆说："在那些日子里，儿子可能认为我是一个旧式的、残酷的母亲，但我必须让他明白，没有什么东西是凭空而来的，等他长大以后就能真正体会那样做的好处。"

作为父母，不要对孩子过分溺爱，应该磨炼他们吃苦耐劳的精神，让他们热爱劳动，由此热爱生活。有时，也可以用"按劳取酬"的方式刺激他们，让他们用自己的劳动赚零花钱，使他们逐渐懂得劳动的价值，并慢慢学会计划花钱，这些都有利于他们养成良好的个性和生活态度。

苏联教育家苏霍姆林斯基说："不要害怕你的孩子身上出汗，手上长趼。只有能使人劳累、流汗、长茧子的劳动才能培养出细腻、敏感、坚强、有温情的心灵。这种紧张的劳动培养人的高尚品格，因为它充满了高尚的动机。"

而生活中，一些父母却认为："用劳动锻炼孩子没什么用，有那个时间还不如让孩子多看会儿书呢！"那么家长们有必要看看下面这个调查结果：美国哈佛大学的威特伦教授花费了 40 年时间，追踪观察了 256 名儿童，结论是：从小受过劳动磨炼的孩子成年后，能与各种人保持良好的关系并比少参与家庭事务、不爱劳动的孩子收入多 5 倍，失业少 16 倍，健康状况也好得多，生活过得美满充实。这是因为孩子在劳动中可以磨炼自己的意志、毅力，还有自力更生的性格，而这些，正是孩子到社会上打拼时最重要的武器。

因此，父母们应积极鼓励孩子参加劳动锻炼，这样孩子才能长大成才。首先，父母们要多鼓励孩子自己做事。从孩子具备一定的劳动能力时起，父母就应该放手让孩子去做自己力所能及的事情，决不要包办代替。孩子稍大一些的时候（7 岁左右），父母就要让孩子帮着干些家务事。等到孩子 8 岁以后，父母就可以给孩子分配一些任务，如打扫庭院、扫地、擦桌椅等等，把这些当成孩子的专属工作，父母决不插手。这样做，不但能锻炼孩子的动手能力，还能培养孩子持之以恒的毅力。

其次，要放手让孩子去做。生活中，一些父母也知道孩子太娇了没好处，要让孩子从小就能吃苦，适当干些活。可真用劳动去磨炼孩子时，他们又牵肠挂肚地担心起来。看到孩子细嫩的小手磨出了茧子，他们就开始心疼；看到孩子干活累得喘气，他们就更难过，于是孩子刚干了一会儿，父母就让孩子停手："我来干吧！"这样，劳动磨炼成了走过场。父母应该明白，适当让孩子参加劳动是为孩子好，孩子现在吃些苦，受点累，将来就能生活得更好，因此爱孩子就要放手让孩子在劳动中磨炼自己。

让孩子干点活，吃点苦是为了培养他们自强与坚毅的性格，因此，在孩子劳动时，父母应当用鼓励来代替不必要的服务。

第五章
不要把表扬和鼓励作为唯一的手段

众多的教育专家不断告诉家长们，要更多地使用表扬的方式鼓励孩子，不要动辄呵斥，这会扼杀孩子的创造性并造成沟通的障碍。道理是不错，但有的家长运用起来就成了只有表扬，孩子犯了明显的错误也得不到及时、明确地批评，这会让孩子混淆是非观念，并助长其娇气的滋生。

1. 训诫也是让孩子健康成长的必要手段

教育孩子是一件严肃复杂的事，父母必须仔细观察孩子成长的每一阶段，并适时地加以引导，这样才能使孩子养成良好的习惯，而不走向邪路。在引导孩子的方法中，训诫就是非常重要的一种。

生活中，一些人认为：孩子不用太管，树大自然直。孩子长大了，自然就会变好了、懂事了。结果由于父母的放任，孩子的个人性格、道德品质都缺乏规范。尤其是潜意识的东西，更难把握。只要外界诱惑一下，邪恶便容易占据其心灵。如今，青少年看的书，接触到的事物，想的问题都远远胜过老一代，他们的思想活跃，行动敏捷，性格开放，若能引上正确的成长轨道，那么就会成为人才。然而，一旦偏离方向，被邪恶的东西引诱，那产生的后果也是不堪设想的。其实，孩子再懂事，他的人生观、世界观也不会那么成熟，如果受了不好的影响，或是不好的行为习惯长期得不到纠正，那么孩子就很可能走向邪路，因此家长必须适时地运用批评的方式教育孩子，保证孩子的健康成长。

有一位父亲，平常挂在口头上的一句话就是"树大自然直，孩子不用管。"孩子从小聪明伶俐，于是这位父亲自认为自己的孩子天生聪明，无须管教也能很好地发展。后来，孩子迷上电子游戏，上课逃学，老师要求家长批评教育孩子，但这位家长却毫不重视。结果孩子的学习成绩一落千丈，只好留级一年。此时他才恍然醒悟，以后再也不说"树大自然直"了。

东汉时期的张奂教子谦谨，齐相田稷的母亲教子不贪，东晋陶侃母教子清廉，唐太宗教诸子不残，北宋欧阳修母教子严格执法，北宋宰相王旦、清代的宰相曾国藩教子不贪贵势等等，都是采用批评教育的手段。这是一种永远不会过时的教育方法。

校长给约瑟夫的妈妈打来电话，告诉她两天前约瑟夫在休息时间打了某个同学，老师让他带张字条回家让父母签名，但是，约瑟夫并没有把父母签名后的字条带回学校。

当然，妈妈对字条的事全然不知，她谢过校长，答应等约瑟夫回家后她马上处理这件事。并且妈妈还从校长口中知道，约瑟夫以前就经常惹是生非。

约瑟夫放学回家来了。

"你好，妈妈！"他轻松地同妈妈打招呼。

"你好！"妈妈强压怒火。她努力提醒自己小孩子常常会做这样的事。

"今天学校没有东西要交给我吗？"妈妈想给约瑟夫最后一次机会。

"没有呀。"约瑟夫一面若无其事地回答，一面把书包扔在沙发上。

"我刚接到你们校长的电话。他说几天前你就应该给我一张字条，上面说你在休息时间行为不当。字条还得由我签名。"她直截了当地告诉他，是因为觉得没有必要再问他"你肯定吗"之类的话，那只会给他再次撒谎的机会，并使自己受挫。

"哦，我弄丢了。"约瑟夫低头看着地板说。

妈妈点点头说："我知道了。那你至少也要告诉我这件事。"

"我忘记了。"约瑟夫耸耸肩膀说。

这下子妈妈决定不能轻易原谅约瑟夫的过错了。"不，约瑟夫，你在撒谎，你打了人是吧？你让妈妈很失望！妈妈几乎不敢相信你会做出这样的行为！知道这样下去会怎样吗？你会变成一个坏孩子！"

"妈妈"约瑟夫吓得哭了起来。"孩子，不管怎样我都是爱你的，因此我必须对你负责。我批评你是因为你确实做错了。对同学动手已经很不应该了，而且你还对妈妈撒谎！现在回到你房间去，好好想一想你的错误！"

妈妈的批评没有白废，约瑟夫给妈妈写下了保证书，保证不再说谎和欺负同学，从那以后他真的改正了错误。

当孩子屡次犯错，不知悔改或者对自己的错误没有深刻的认识时，家长就应当用批评的方法教育孩子，让孩子彻底悔悟，保持性格的端直，避免走上邪路。教育孩子，犹如护理树苗，在树苗歪曲时，必须及时扶正，这样树苗长大后，才能成为栋梁之材。

儿童心理学也认为：孩子由于世界观不成熟，是非观比较弱，容易走向迷途，因此父母应对儿童实行基本限制与约束。就像这个故事中的妈妈一样，发现约瑟夫屡次犯错，而不知悔改时，立刻运用训诫的手段教育约瑟夫，让孩子彻底改正错误。

家长们应该明白，孩子在成长过程中，不但会受到家庭和学校的教育，也会受到社会环境的影响，而社会上的不良思潮和习气，很容易诱导孩子走上坏道，同时孩子撒谎、偷窃一类的小毛病如果不严加管教，也会让孩子养成不良习惯。因此，父母们应牢牢掌握"训诫"这个教子奇招，对孩子进行适当的引导，要记住：子不教，难成才。

当孩子有不良倾向时，训诫孩子是父母的权力和责任。当然，要记住的是训诫不是单纯的责骂，而是批评加教育。

2. 软硬兼施教育孩子

一项心理调查显示：现在孩子越来越多地有暴力倾向。7岁到13岁之间的孩子，23.9%承认自己有通过暴力解决问题的想法。这是一个令人触目惊心的数字，家长们必须明白孩子打人习惯的危害，及早通过批评教育的手段纠正这种暴力型习惯。

有这样一个男孩：他是一个聪明的孩子，成绩优异、家境优越，父母对他宠爱有加。可他却在13岁那年，用刀捅伤了同学，进了少年劳教所。后来，他对发生在自己身上的悲剧做了反思："从小到大，爸爸妈妈给我的教育就是：只要学习好，犯了什么错都不是错，父母都不会责怪我。因此，我变得很任性。可能是任性造成了我的一种霸气，我的个头在班上最高，成绩也好，同学们都很服我。上中学时，爸爸妈妈告诉我要我学习好，然后就是在外不要吃亏，不要被别人欺负。如果我吃了亏，被别人欺负了，他们肯定会认为我窝囊，没有用。记得我小时候，有一次我带了玩具飞机去幼儿园，小朋友们抢着玩，有一个小朋友玩着玩着居然不给我了。我急了，夺过飞机就朝他脑袋上刺去，把他的头刺出了血。家里赔了人家钱，我很害怕，以为回家要被处罚。哪知道，爸爸妈妈并没有责备我。我读小学四年级时打了同学，同学父母找到我家里来，我爸爸向人家赔了不是。送走了人家后，他对我说，'看这小子，懂得教训别人了。'妈妈告诉了我道理，她说，只要不被别人欺负，怎么做都行。当我去中学读书时，她对我说，现在的孩子都很霸气，你要是不让别人怕你，你就会被别人欺负。现在回过头来想想，我觉得父母对我的这些教育是不正确的，我在学校的打人习惯正是父母错误教育诱导的结果。"

这个悲剧也引起了很多家长的反思，于是他们纷纷严厉管教孩子，纠正孩子爱打人的习惯。但是家长虽然有这个良好心愿，但往往不知道怎样教育孩子，因而往往产生反效果。

天恩是个7岁的孩子，刚刚上小学一年级，不过半年来，他已经给父母惹了一大堆麻烦，为什么呢？就因为他爱打人！上学才三天，就把一个小女孩的膝盖踢破了，后来又把同学的头打破了，再后来还划伤了同学的胳膊，……为了这些事，爸爸妈妈骂过他，打过他屁股，可他还是一犯再犯。有一天，父子正在看电视，电话响了，爸爸接完电话怒气冲冲地拉过天恩，就是两巴掌，天恩委屈地大哭大叫，爸爸更生气了，"说过一百遍了，不许打人，你还敢再犯，今天打死你算了！"爸爸又打了下去，这一次，天恩竟然挣扎着用小拳头打爸爸，这让爸爸更生气了："真是太过分了，竟然打爸爸！"结果那天，爸爸狠狠地打了天恩一顿后，把孩子丢回房间去"反省"。天恩一个人在地上哭得稀里哗啦，不明白为什么爸爸可以打他，他就不能打人，最后，他得出了一个结论，那就是他不能再打同学，只能打比自己小的孩子。

这是很可悲的，爸爸的"教育"只换来了一个消极结果。这都是因为教育方式不当造成的，如果父母能用批评的方法教育孩子，那么效果一定会好很多。

批评教育是一种正面教育方式，采用这种方法的第一步就是指出错误，点明其危害。比如在这个故事中，爸爸就不应该抓过孩子就打，而应该先让孩子知道自己犯了怎样的错误，要指出打人是一种野蛮行为，是为人所不齿的，没有人会和打人的孩子玩，再这样下去，他就会失去所有的朋友。

第二步就是分析。如果孩子之间发生了冲突，父母一定要保持冷静，不要立即大声呵斥孩子，让他停止争吵，更不能因为害怕自己的孩子吃亏而护着孩子。应该让孩子自己说清楚发生冲突的原因，然后让他自己提出解决冲突的方法，或者为孩子提一些解决冲突的建议。

第三步是说理。比如，当孩子在玩自己心爱的玩具的时候，别的孩子可能过去抢他的玩具，孩子急了就会打人。这时候，父母应该教育孩子对抢他玩具的小朋友说："这是我的玩具，让我先玩一会儿，等会儿我给你玩。"或者让孩子友好地与其他小朋友共同玩。

第四步是对比。父母应当让孩子意识到，打人是一种让人多么不能容忍的行为。在孩子打了人后，就用对比法给他分析问题。例如，"孩子，如果有人打破了你的头，让你流血了，那妈妈一定会非常伤心，非常难过，因为妈妈爱你，希望你永远平安。其他的小朋友也有妈妈，他们的妈妈也爱他们，你打伤了那些孩子，他们的妈妈该有多难过啊！"这种对比可以让孩子深刻认识到自己的错误，反省自己的做法。

而第五步就是警告。父母应该告诫孩子不要用武力解决和小朋友之间的冲突。父母绝对不会原谅他的打人行为，如果孩子再犯这个错误，就将受到严厉的惩罚。

批评并非单纯的责备，更不是一棍子打死，而是综合运用比较、劝勉、激励、警告等多种形式，软硬兼施地达到教育目的。

3. 果断拒绝孩子的不合理要求

现在的孩子是"小皇帝"、"小公主"，享受到了前所未有的爱护和物质享受。然而孩子们的要求却越来越多，花样层出不穷，让父母们着实有点难以招架。父母们爱孩子的心情是可以理解的，可是一味顺从孩子只会助长孩子的任性让孩子形成不良性格，对孩子的健康成长没有一点好处。因此，父母们不要允许孩子不停地索取，在孩子提出不合理要求时就要态度冷淡地拒绝。

这是一位年轻母亲的教子心得：我的儿子叫小凯，今年9岁，他既聪明又漂亮，从小就受到了家人的宠爱。然而这两年，我们越来越觉得这孩子太任性了；走在街上看到什么就要什么，不给买就连哭带闹，因此我们只好一次次迁就他。半年前，我去听了一个教育专家的演讲，他的一句话对我触动很大："不讲原则的迁就孩子就是害孩子。"因此我决心要改变孩子乱要东西的坏习惯。在一个星期六下午，在儿子的要求下，我答应带他去逛街。出门前，我跟儿子约定：只看不买，否则就不去。儿子满口答应："行！"不过在我以往的经验里，带儿子逛商店，儿子的眼睛一旦瞄到玩具柜台上，不管合适不合适，只要他看中就一定要买。

到了商城，像以往一样，儿子照例要光顾一下四楼的玩具区。由于有约在先，我便放大胆子带他去了。儿子兴奋地东张西望，没一会儿，一种可以远程遥控的玩具汽车便引起了儿子的注意，他便缠着我要买，我说不买。这下可不得了了，他顿时坐在地上大哭起来，边哭边说，他最喜欢小汽车，一直想要小汽车，如果不买就回去告诉爷爷奶奶、外公外婆，只要买了他就听话，以后什么也不要……以前在这种情况下，我就给他买了，但今天我却站着不动，告诉他不能买的道理。

　　可他根本不理这一套，咬紧牙关一个字——买！并且越哭越凶，最后，索性赖在地上不走了。这时，服务小姐及许多顾客都围了过来："现在都是独生子女，就给孩子买一个吧。"你一言他一语的，说得我真是尴尬极了，真想一买了之。可是一想起自己的计划，便又横下一条心：不买！我冷淡地对儿子说："你走不走？你真的不走？那我走。"我躲在楼梯口，很久才见儿子抹着眼泪跟了出来。

　　回到家里，我开始告诉儿子，他什么样的要求可以得到满足，什么样的非分之想会被拒绝。儿子似懂非懂地听着。

　　有了这第一次成功的拒绝后，我就继续进行我的计划，孩子的爸爸也和我站在一起，对孩子不合理的要求一律冷淡地拒绝。半年下来，孩子果然改变了不少，他的不合理要求、不良习惯少了，家长会上老师告诉我小凯是个懂事又独立的孩子。

　　这位母亲的教育方法是非常成功的，父母对孩子提出的不合理要求，冷淡地予以拒绝，正是对孩子负责任的表现，一味地言听计从，就是溺爱孩子、害孩子。

　　请看下面这个例子：

　　妈妈说："豆豆，吃饭了。"

　　孩子说："今天吃什么？"

　　妈妈说："米饭、红烧鱼。"

　　孩子说："不，我要到街上吃肯德基。"

　　妈妈说："可是饭菜已经做好了，我也累了，明天再去吃，不行吗？"

　　孩子说："不，我今天就要吃。"

　　孩子又哭又闹，最后妈妈屈服了，带他到街上吃肯德基。

　　在这个故事中，孩子对母亲提出了极不合理的要求，母亲怕孩子生气竟然顺从了孩子的要求，她这样做既损害了自己的权利，又降低了孩子的心理承受能力，长此以往，孩子的性格必然会越来越任性，可以说这位母亲的做法是非常失败的。

　　孩子是没有自立能力的，他的需求很自然要靠父母来满足。可今天的孩子生活在现代社会，他们不仅从父母身上，也从电视上，从大街上看到这多姿多彩的繁华世界，他们的视野宽广，他们的欲望也变得强烈。而父母们常不忍心拒绝他们的要求，千方百计予以满足。可是人的欲望永无止境，小孩亦是如此，甚至更为强烈。不要说以有限的精力、财力、时间去满足孩子无休无止、花样翻新的欲望几乎是不可能的；就连对孩子的需求全部都予以满足的想法本身就是一种大错误。过于迁就孩子，等于间接促使孩子养成随心所欲、唯我独尊的不良性格，势必导致他们在日后迈入社会，进入实际学习、工作、交往中碰得头破血流，甚而误入歧途。

　　因此，在生活中，父母千万不要迁就孩子的不合理要求。对孩子非分的需求理当不要迁就之外，对孩子正当的要求，有时基于家庭的经济条件，或者出于教育孩子的目的，也未必一定全部满足。但是，不迁就孩子必须讲究方法。在孩子情绪激动时，要试图安抚他，要运用冷淡计：冷冷地拒绝孩子的要求，让孩子知道你坚决的态度，事后再把自己的理由坦率认真地告诉孩子，要相信孩子的认知能力，使孩子最大限度地理解自己的做法，让孩子感到父母不是不愿意满足自己的需求，而是自己的要求过分，或者家里的确有困难。促使孩子做到，自幼明白道理与克己节制，心理承受一定的挫折，这对他们今后的生活道路亦是大有裨益的。

　　有些父母当时不迁就，可是经不住孩子的纠缠，或是由于心软，过一会儿又予以满足，这是最失败的。这样出尔反尔，定会让孩子产生这样的认知：即通过死缠硬磨的手段，无论什么样的要求都可以得到满足。也有些父母不注意相互之间的通气、默契，爸爸不迁就，妈妈却迁就了。又或许父母达成一致意见，爷爷奶奶却悄悄地予以满足，当父母提出批评时，老人又说这是他自己的积蓄，背后又在孩子面前唠叨。这样不仅会造成孩子心理失衡，误以为父母不疼爱他，说得好听，说什么事情做不到，其实可以办到，只是不愿意为自己花钱、着想。

冷淡地拒绝孩子的不合理要求，是处理孩子任性问题的最佳办法。需要注意的是，在孩子平静下来后，一定要告诉他拒绝他的原因，这样的教育才是有效的。

4. 让自负的孩子知道自己并非全知全能

孩子很容易骄傲自满，盲目的自高自大，这对孩子来说是非常危险的。自负的性格会让孩子放弃努力，而且自负会让孩子孤立自己，在生活中处处碰壁，因此，父母一定不要让孩子变得目中无人，在孩子表现得过于自满时，向他泼盆冷水，让孩子看到自己的不足之处，就是纠正孩子自负性格的不错办法。

生活中，一些父母过于强调自信，不断给孩子灌输"你是最优秀的"思想，结果一些孩子变成了盲目自大的令人讨厌的人。

在深圳某重点中学里发生过这样一件事：音乐课上，实习老师刚走出教室，"啪"的一声脆响，一本书被狠狠摔在桌上，"有几个音弹错了，颤音也没唱出来，这样的水平还来教我们！"惊愕的目光都聚集在她——田宁的身上。她是学校的艺术骨干，从小深受执教于音乐学院的母亲的影响，弹得一手好钢琴，在声乐、舞蹈方面也不错，曾多次代表学校参加文艺演出或比赛并获奖。

田宁不仅有文艺特长，而且写得一手好文章。但就是这样一个好学生，同学们都不太喜欢她，背地里都叫她"冷血公主"。为什么呢？原来除了几个亲密的伙伴外，她不大爱同其他同学讲话。当有同学问她问题时，她总是很轻蔑地说："这么简单的问题需要问吗？！"久而久之，没人愿意搭理她了。

另外，田宁的家境非常好，妈妈甚至带她去香港买衣服，因此打扮入时的她有很多优越感，经常挑剔讥讽其他同学。一旦某位同学打扮得漂亮一点，她就会很不屑地说："地摊儿货，瞧那穷酸样儿。"她也有自己的弱项——体育运动。但她不仅不力求改善，反而认为有体育特长的人都是"头脑简单，四肢发达"，并对他们嗤之以鼻。

生活中，像田宁这样的孩子并不少见，这些孩子通常看不起别人，总认为自己比别人强得多，把别人看得一无是处。在人际互动中，自负的孩子不懂得交往应以互相尊重、互相平等为原则，总是表现出一种优越感，盛气凌人，只强调自己的感受。

古人云：谦虚使人进步，骄傲使人落后。骄傲自大的性格必然会对孩子的发展产生消极影响。骄傲自大的孩子常在自己的周围树起一道无形的"城墙"，形成与外界的隔膜，这使他们的心胸变得很狭窄。他们虽能取得一定的成绩，但往往没有远大理想和志向，而只满足于眼前取得的成绩。而且，他们看不到别人的成绩，只会"坐井观天"。骄傲自大的孩子很难和同学们友好相处，因为他们不能做到平等相待，而是总以高人一等的态度对待别人或喜欢指挥别人。骄傲自大的孩子情绪也不稳定，当人们不理睬他时，他会感到沮丧；当他遭到失败和挫折时，又会从骄傲走向悲观、自卑和自暴自弃，否定自己的一切，觉得自己什么都不如别人。因此，父母们千万不要忽视孩子的自负心理，为了孩子的健康成长，不妨用"泼冷水"的手段帮孩子走出这个误区。

林迪是小学二年级的学生，聪明好学，勤奋向上。在一次朗诵比赛中，他又获得了班上的最佳朗诵奖，心里像吃了蜜一样甜。回到家后，他把朗诵稿交给女佣，得意地对她说："玛丽，你念一段给我听听，怎么样？"

这个善良的女人拿起朗诵稿，仔细地看了一遍，然后结结巴巴地说："林迪，我不认识这些字。"

林迪更加得意了，他快速地冲进客厅，得意忘形地对父亲喊道："爸爸，玛丽不识字，可是我这么小，就得了朗诵奖状，这是多么了不起啊。再看看玛丽，拿着一本书却不会读，这太可怜了，我不知道她心里是什么滋味。"

父亲皱着眉头看了看林迪，没有说一句话，他走到书架旁，拿下一本书，递给他说："你看看这本书，就能体会到她心里的滋味了。"那本书是用拉丁文字写的，林迪一个字也不认识，他的脸涨得通红，手足无措地站在那儿，一句话也说不出来。爸爸仔细地看了看他，然后严肃地说："没错，玛丽不认识字，可是请记住，你不会念拉丁文！"

林迪永远都不会忘记那次的教训，无论什么时候，只要想在别人面前吹嘘的时候，他就马上提醒自己："记住，你不会念拉丁文！"

这位父亲是非常明智的，他没有纵容儿子的自负情绪，而是适时地向儿子泼冷水，让儿子重新认识自己、评价自己。

然而生活中，有多少父母能正确处理孩子的自负心理呢？一些父母甚至本身就对孩子的优越感负有责任。比如，有些父母由于自身条件比较优越，总是表现出一副扬扬得意、目中无人的神态，经常会流露出对他人的不屑。如他们经常议论同事的缺点，某某不如自己。孩子听到这些话，也会仿效父母，只看到自己的长处，而嘲笑别人的短处。因此，父母必须从自身做起，教育孩子回归理性，正确评价自我。

在这里，我们给各位家长几点建议，希望各位家长运用制冷的手段，引导孩子克服自负性格，正确评价自我。

（1）全面评价孩子，要让孩子看到自己的缺点

孩子的自我认识受到父母评价的极大影响，这就要求父母在进行评价时要客观、全面，不能只表扬其优点，更要指出其缺点，不要因为爱孩子就忽视、缩小甚至帮助其掩盖缺点。对优点要表明，但要适度。要让孩子意识到作为家庭、学校、社会的一员，理应有合格的表现。家长要提醒自负的孩子在归纳成功原因时要注意实事求是，要认识到老师、家长、同学的帮助以及一些客观条件的促进作用，切不可把成功完全归功于自己而沾沾自喜。

（2）让孩子学会欣赏他人的优秀之处

家长应指导孩子学会欣赏他人，让孩子知道"山外有山"。

学会欣赏他人才不会自视过高。对于孩子来说，学会欣赏他人并非易事，但只要在日常生活中稍加注意，从点滴做起，慢慢就会做到，从而克服自负心理，比如学会宽容、学会倾听、尊重与理解他人、关心爱护他人等均有助于孩子克服自负心理。

在良好的人际交往关系中，宽容大度是很重要的品质。可以这样说，但凡能与同学、朋友相处融洽的孩子，必定是豁达开朗的人；但凡胸怀大志，目光极远的人，必定胸襟开阔，气度宏伟。父母应教导孩子，不要总是拿自己的长处去对比别人的缺点，甚至挖苦、讽刺别人，而应相互鼓励、共同进步，容许别人出现不足或失误，那么大家就可以友好相处了。

教育学家的建议里，家长还可以让孩子为同班的每一位同学写出几条优点，并对同学当面给予赞扬。当孩子跳出狭隘的自我圈子，自负心理也就会悄然隐循。

（3）让自负的孩子尝尝失败的滋味

家长不妨对自负的孩子提出更高要求，安排难度更大的任务，让其遭受挫折，品味失败，清楚地看到自己能力的不足，体验需要别人指导和帮助的感觉。

（4）别让孩子拿长处比别人的短处

生活中我们发现孩子出现骄傲自大的不良性格往往是过高地估计了自己，认为自己比谁都强，只看到自己的长处，看不到自己的短处，拿自己的长处比他人的短处。因此，狂妄自大，想干什么就干什么，不会设身处地地替别人着想。作为父母应耐心地教导孩子，让孩子学会正确地评价自己，既认识到自己的优点，又看到自己的不足。家长还需要规范孩子的行为，督促他们改正骄傲自大的坏毛病。

要让孩子回归理性，就要让孩子对自己有个全面的认识，让孩子了解自己的缺点和不足之处，对克服自负性格和与之相应的习惯大有好处。

5. 不要太过偏袒自己的孩子

每位父母都希望自己的孩子宽容、大度，因为这样的孩子才容易和别人友好相处。但是生活中，心胸狭窄、不良性格的孩子却相当普遍；这些孩子都有一种优越感：自己才是最好的，谁也不如我！而一旦发现有人超过了自己，这些孩子便无法忍受，甚至还会想方设法打击对方。因此，家长们一定要努力教育孩子，千万不能让孩子心胸太过狭窄。

平平上小学一年级了，爸爸开着自家的"马自达"把女儿送到学校，他认为自己的女儿聪明、漂亮、机灵，一定会成为班里的佼佼者。果然不出所料，三天后，平平放学后兴高采烈地向父母报告："老师让我当班长了！说我学习好、聪明、能力强！全班同学里只有我获得的表扬最多，其他的孩子都不行！"爸爸妈妈也很高兴："就是嘛！谁能比得上平平呢！"然而半个学期没过去麻烦就来了，平平回家后，总是拉长了脸，向妈妈数落自己的同学不好：小舟只不过会跑步，大家都捧她，但其实她是笨蛋；小美长得漂亮，有什么了不起的，穿得那么土……而且她还向妈妈抱怨同学都嫉妒她，不理她。结果妈妈向老师一问才知道，原来平平在班上总是表现得心胸狭窄，如果班上有哪个同学在哪方面超过了她，她就会反应强烈，甚至诽谤人家，因此同学们都疏远她。不仅如此，平平也不能接受老师的批评。有一次，老师说她学习好，工作能力强，就是工作方法上存在着一些问题，同学关系有时会出现一点紧张，希望她能稍微改变一下。老师说得很委婉，也很诚恳，但心胸狭窄的平平哪里听得进去。为了这件事，平平一连几天拉长着脸，也不说话，她觉得太不公平了，老师怎么能这样对她呢？平平总因为一些琐碎的小事而生闷气，妈妈看在眼里，急在心里，她越来越为女儿担心，她担心女儿这样的性格将来适应不了社会。

在现代的家庭中，孩子就是一切，爷爷奶奶、爸爸妈妈整天围着一个孩子转，孩子就是"小太阳"，孩子的要求从不会被拒绝。长此以往，孩子就形成了一种错误的认识："我"是最好的，谁都不如我。因此当孩子走出家门，面对更广阔的世界时，难以接受别人比自己强的现实。

父母应当明白，心胸狭窄，不但会影响孩子的人际关系，还会影响孩子的身心健康，因此父母应当给孩子"泼点冷水"，让孩子不要总认为"我行，别人不行！"让孩子的心胸变得更开阔。

教育学家认为，孩子心胸狭窄的一个重要原因就是从小和同龄的孩子接触太少，父母处处对孩子忍让，孩子从来不能站在别人的角度考虑问题，完全以自我为中心。因此，父母应多提供机会，让孩子经常与小朋友交往。在交往中学会宽容、体谅他人；提高人际交往能力及社会适应能力，养成良好的性格。

而当孩子在交往中遇到矛盾和纠纷时，父母千万不要偏袒自己的孩子，这样做会让孩子错误地认为自己的地位是特殊的，别人都比不上自己，都要让着自己。那么家长在遇到这种事时，该怎么处理呢？请看下面这个故事。

妈妈正在厨房做饭，突然听到楼下传来儿子冬冬的哭声，她赶忙跑下楼去，只见冬冬正坐在地上哭呢。而常和儿子玩的小朋友林涨红了脸站在一边，眼泪也快要出来了。冬冬看见妈妈来了，马上扑了过去。"妈妈，林打我！""是吗？林，你们为什么不高兴啊？"没等林开口，冬冬立刻抢着说："他看我小，欺负我！妈妈你帮我骂他！"妈妈不高兴了，她把冬冬推开："不许没礼貌！让林说！"后来妈妈弄清楚了，原来林用积木盖城堡，冬冬也要抢着玩，林不让，冬冬一来气就把盖到一半的城堡踢倒了，两人由此打了起来。妈妈严肃地把冬冬叫过来："冬冬，为什么玩什么一定要听你的呢？林的城堡已经盖了一半了，如果你想玩可以帮他一起盖呀！下次不许你再这样霸道，如果林也把你盖好的积木推倒，你生不生气呢？"冬冬红着脸，一声不吭了。林走过来说："阿姨，对不起，我也不该动手打冬冬。冬冬，别生气了，我们一起玩积木吧！"冬冬看了看妈妈，两个孩子开始一起搭城堡了。

这位妈妈把这个小纠纷处理得非常好，她没有不分青红皂白地偏袒自己的孩子，而是一视同仁地处理问题，这样就不会助长孩子以自我为中心的心理。不仅如此，她还借机教育了孩子："为什么玩什么一定要听你的呢？"这样就会引起孩子的反思，渐渐地孩子就会认识到：小朋友之间都是平等的，不能总是自己说了算。这是一个成功的教育案例。

另外，父母们也不妨让孩子体验一下心胸狭窄的害处。父母要让孩子认识到，如果一个人总是心胸狭窄，别人就会讨厌你，或不喜欢和你做朋友，而且做错事时也得不到别人的原谅，会被彻底地孤立起来。这样孩子就会认识到，心胸狭窄是一件不好的事，并慢慢地摆脱这种坏性格，心胸变得开阔起来。

父母要帮孩子认识到，不能什么事情都得依着自己，父母、别的小朋友和自己都是平等的，你对别人斤斤计较，别人也会对你斤斤计较，而如果你对别人宽宏大量，那么别人也会还你一个宽宏大量。

第六章
一味高压管制塑造不出良好的习惯

　　有的家长在教育孩子的方式上一派高压作风，孩子只能完全按照家长的意愿行动，稍有差错便招来指责训斥。长此以往，孩子便会丧失独立性，养成凡事看别人眼色的习惯，这显然不是家长愿意看到的。

1. 不要带着偏见去教育孩子

　　偏见对一个人的影响是非常大的，有了先入为主的印象后，你就很难正确地评价一个人。在教育子女这方面，家长尤其要留神，千万不要带着偏见去教育孩子。

　　有这样一个故事：达达是小学四年级的孩子，他很聪明，但性格却十分顽劣，不仅不爱学习，有时候他还喜欢要点小聪明。比如，有一次他就把成绩册上的 39 分改成了 89 分，惹得父母又气又恨。有一段时间，达达看了几本科普书，他觉得自己应当努力学习，长大后当个科学家，也去研究机器人什么的。于是达达开始努力学习，结果在期中考试的时候，竟然由倒数第三名前进到了第9名。那天，他兴冲冲地拿着成绩单冲回家里，结果父亲在反复的检查成绩单的真伪后竟然说："成绩不错，抄同学题了吧！"妈妈也在一旁皱着眉头说："达达，作弊是最可耻的，知道吗？你怎么越学越坏了呢？"

"爸爸妈妈，你们怎么这么说我？"满心等待父母表扬的孩子，心情一下子坠入到谷底，哭着跑回自己的房间。从此这个孩子放弃了努力，他的学习成绩又跌回到原来的水平，因为对他来说，成绩固然重要，但尊严更不容践踏，所以只有选择以一如既往的成绩来证明自己的清白。这不仅是父母的悲哀，更是孩子的悲哀。

由于父母平时对孩子已经有了"孩子成绩差"这样一种刻板的印象，在孩子进步后还是以原来的标准去评价孩子，对孩子造成偏见、成见的错误认识，结果既伤害了孩子的自尊和进取心，也影响了父母在孩子心目中的形象，孩子会觉得父母因为成绩差就打击我，这说明他们不是真的爱我。

然而很多家长都不自觉地对孩子形成了一种带有偏见的认识，尤其是对那些以前"公认"的"坏孩子"。大人们的这种偏见是对孩子心灵的暴力，严重地阻碍了孩子愉快健康地成长。

更糟的是有些家长，一旦发现孩子在年幼时有不聪明的表现，七八岁时有蠢笨的举止，便断言"这孩子脑袋太笨了，这么简单的问题都不会，甭指望他（她）有出息了！"与错误的失望情绪随之而来的，就是父母对孩子的爱骤然降温，从此，孩子则随时能够领教到父母的责骂与轻视。其结果，肉体施暴伤及皮肉，心灵施暴损毁自信，受伤的皮肉很快康复，受伤的心灵却可能一辈子也难以愈合。

下面这个例子就可以让你清楚地看到偏见对人们的影响。

在美国密歇根州的一所大学里，心理学家找了 20 名大学生做了这样一个实验。实验者把这些大学生分成了两组，并向两组同学出示同一张照片，但在出示照片前，向第一组学生说：这个人是一个罪大恶极的罪犯；对第二组学生却说：这个人是一位了不起的人物。然后他让两组学生各自用文字评价照片上这个人的相貌。

第一组学生的描述是：深陷的双眼表明他内心充满仇恨，鹰钩鼻子证明他沿着犯罪道路顽固到底的决心……

第二组学生的描述是：深陷的双眼表明此人思想的深度，鹰钩鼻子表明此人在人生道路上有克服困难的意志……

心理学家得到了他所预见的答案，但对对比如此鲜明的答案，还是不禁哑然！

看到了吗？明明是同一张照片，只不过因为带着偏见去看，就出现了两种完全不同的评价。看来偏见的威力实在是惊人。

我们之所以认为，偏见对孩子成长有危害，不仅因为它会伤害到孩子的自尊心，还因为它会给孩子带来消极的暗示。比如说，在学校里如果老师按照学生的成绩排座位，那么坐在后几排的学生就会认为："这就是说我没希望了，我被抛弃了！瞧，我是差生，永远也不可能坐到前几排，老师当然也不会喜欢我！"这样一来，孩子也就不会再费劲儿地去努力学习了。

一对父母带着他们四岁的小女儿去朋友家做客，闲聊时母亲偶然提起了自己的女儿，"哦，我的凯西简直是个小天使，她唱歌动听极了！来，我的宝贝儿，给大家唱首歌吧！"可是凯西却有点害怕，她看见周围有那么多陌生的大人，这让她有点紧张。爸爸把凯西抱了过来，"唱吧！凯西，别让别人觉得你妈妈在说谎！"可凯西还是害怕，她干脆躲到爸爸身后，周围的人全都笑了起来。妈妈脸色有点发红了，她把凯西推到沙发前，可凯西就是不开口。回到家以后，妈妈失望地说："这孩子真让人丢脸！这么大了一点勇气都没有。"爸爸也摇头："是呀！简直是个胆小鬼，我都为她脸红！"慢慢地凯西长大了，可是她还是缺少勇气，每当父母说她"胆小没用"时，她都很难过。有时候，她就希望有一个机会，让她向父母证明自己不是没用的胆小鬼。12岁那年，凯西遇到了这样一个机会，老师打电话给她的父母，希望由凯西代表班级参加歌咏比赛，凯西满怀希望地躲在门后偷听爸爸的回答，"什么？凯西？哦，您还是另派人去吧！她会给您丢脸的！"凯西一下子坐在了地上，从那时起凯西始终是一个胆小怯懦的女孩子。

在这个故事里，我们不能说凯西的性格胆小怯懦完全是父母的偏见造成的，但他们至少对此有不可推卸的责任。每个孩子都不是完美无缺的，因此父母要对他们多一点包容，包容他们的缺点，即使他们的缺点曾让你丢过脸。如果凯西的父母能对凯西多一点包容，少一点偏见的话，那么凯西的人生也许就大不一样了。

父母们都应当认识到，偏见是对孩子心灵的暴力，在教育孩子的问题上，家长不应对孩子抱有任何成见，任何时候都不该有"这孩子注定没出息"的错误思想。否则这种伤害孩子心灵的态度会严重伤害孩子的自尊心，既不能使孩子充满自信，也不利于孩子其他方面的发展和成长。

所以，如果一个平时调皮捣蛋的孩子，突然收敛了往日诸多"捣蛋"的行为，变得安静温顺起来，那么家长和老师就应该相信孩子的变化，赞赏孩子改变自己的勇气和他的上进心，因为这很可能是因为某件事情给他带来了触动。家长每天都应该以全新的眼光来看待孩子，千万不要用旧有的心态评判他们，要知道成长中的孩子可塑性极强，过去不等于现在，更不等于未来。

2. 别再刺伤孩子的自尊心

包容就意味着尊重，开明的父母就是能用包容的手段维护孩子的自尊心，给孩子自信心的人，能包容的父母才会有聪明上进的孩子，那么要让孩子感受到你的包容、你的无条件的爱，首先要做到的就是别拿自己的孩子跟别的孩子比来比去。

丹尼尔是个内向的孩子，从小生活在祖父母身边，祖父母有他们自己的工作要做，没有多少时间注意丹尼尔，因此丹尼尔就越来越沉默了。整天一副心不在焉的样子。后来丹尼尔又回到了父母身边生活，但爸爸脾气暴躁，常常会责骂他。而让丹尼尔最难过的就是，爸爸总喜欢用比较来证明他有多没用。"你简直白活了 8 岁，看看你成绩真让我为你感到难过。你看看隔壁的唐纳德，他和你念同一年级，年龄比你小两岁，可成绩却是你的二倍！"丹尼尔的学校举行游园会，邀请家长一起参加，孩子们为家长表演了一场舞台剧，唐纳德是主角，他打扮成王子站在舞台中央，而丹尼尔则扮演一位端水的仆人，而且由于紧张，丹尼尔还在舞台上摔了一跤，惹得家长们哈哈大笑。回到家以后，丹尼尔的父亲又开始责骂起儿子来，"怎么搞的？你为什么要在大庭广众之下丢人！看看人家唐纳德，打扮得漂漂亮亮的王子！你呢，卑微又丢脸的仆人！你为什么就不能学学唐纳德……"在父亲的责骂声中，丹尼尔的脸色惨白地缩在椅子上，心里只有一个想法：杀死唐纳德！没有他，爸爸就不会在这样责骂自己了。两天后，丹尼尔偷出了爸爸的手枪，在学校里打死了唐纳德。悲剧发生后，丹尼尔的父母悲痛的不能自已，用爸爸的话说是："我是爱孩子的呀！只是他的怯懦让我无法容忍。比较也是为了让他进步啊！"

丹尼尔的父亲认为比较可以促进孩子进步，然而这只是他一厢情愿地想法，在丹尼尔看来，父亲的消极比较就是对他的否定，是厌憎他的表现。如果这位父亲当初能对孩子多一点包容，不要拿孩子比来比去，那么悲剧也就不会发生了。

生活中，我们常见到父母抱怨子女说，"为什么莉莉考的比你好呢？""你看看人家童童，科科一百！你为什么就不能向好孩子学学？"……

这就是父母常用的比较，他们习惯于拿他人的优点来比较自己孩子的缺点，也许他们是出于想要激励孩子的好心，但孩子脆弱的心理怎能承受如此的不被肯定，而且还是来自自己的父母。通常的结果是，比来比去把孩子的自信心和自尊心都比没了。

有调查表明，近三分之二的家长喜欢夸奖别人的孩子。这样做往往出于不同的动机，有的是为了刺激孩子，让他为自己感到羞耻；有的是为了激励自己的孩子进步；有的纯属向自己的孩子发牢骚，嫌自己的孩子不争气。无论何种情况，只要家长的比较包含着对自己孩子的贬抑，都是对孩子自尊的一种伤害。

拿别人的优点来与孩子的弱点比较，是一种消极的比较法，只能在孩子心里播下自卑的种子。家长越比较，他就会感到自己是个"无用的人"，从而陷入"自我无价值感"的深渊，产生对什么都不感兴趣、破罐子破摔的心理。

竞争是重大压力的来源之一，它会打击人的信心，使本来已有的能力无从发挥。因此，自小便培养孩子与人相比的想法是很不健康的，结果往往是孩子变得更脆弱更经不起挫折和失败。我们要注意的是培养孩子克服挫折和失败的勇气，而不是使其成为竞争的牺牲品。

教育专家认为，任何不加分析的比较都是有害的。每一个孩子都有他自己的个性，因此在教育培养孩子时，应该根据他们各自不同的特点，包容孩子引导孩子，而不能粗暴地、简单地拿自己的孩子跟别的孩子比。

有一个女孩子学习很努力，可成绩却不是很好，在一次考试后，她失望地对妈妈说："妈妈，我考不上大学了！怎么学习都没用，你看小雪轻轻松松成绩就比我好！"妈妈笑了，慈爱地抚着女儿的手说："孩子，这种比较是毫无意义的！无论你的成绩怎样，你都是我最爱的女儿，我眼中最聪明的孩子！不信，你看！你在小学时总是排在倒数几名，可是上初中后，你已经快赶上中游的同学了！在这所高中里，你的成绩居中，算一算，这些年来你进步了多少啊！离你高考还有一年多，只要你坚持努力，考大学是没问题的。""真的吗？"女儿的眼睛一下子亮了，她站起身向自己房间走去。"妈妈，您说的对，我就像一只蜗牛，虽然爬得慢，但一直在进步！我要再努力一年半，功夫不负有心人嘛！"

这是一位很难得的母亲，她对成绩不好的女儿满怀包容，还运用一种积极的比较给女儿以自信心。可惜的是很少有人能做到这一点，通常家长的比较是拿别的孩子的长处与自己孩子的短处比，但他们又不能对比较的结果进行仔细的分析，而是只看到别人孩子的长处，看不到自己孩子的长处，动辄批评、指责孩子，把孩子贬低的一无是处。但如果父母都能做到像故事中的那位母亲所采取的积极比较方法，也许效果就完全相反。

此外，孩子学习遇到挫折时，寻找"同类"进行比较，也能把孩子从失望中拯救出来。每年高考揭榜时，经常会看到令人心情不好的场面，其中给人印象最深的是落榜者的灰心和痛苦。但也有不少没考上的朋友相聚在一起时，有的是一个人一声不响，有的则以另一个没考上的孩子为例，说"别着急，连××这次也没考好"来自我安慰。

在日常学习中也有一些与此类似的情况，孩子遭受挫折的时候，对孩子谈及与其状况类似的相同者，常常可以鼓励孩子恢复信心。

父母只有包容孩子，才能将孩子作积极的比较，相应的，运用积极比较方法，父母就能更了解孩子的优势和特长，更加包容自己的孩子。

包容就是不去指责孩子的缺点，更不要拿别人的优点来与孩子的弱点比较，这样做只会刺伤孩子的自尊心，对培养孩子的良好性格毫无益处。

3. 孩子的错误也有价值

当孩子做错了事后，心里会感到非常害怕，这时再去责备孩子，只会加深孩子的恐惧，有的孩子甚至因此害怕而不敢承担责任，这会危害到孩子良好性格的形成。父母们应该这样想，反正错误已经造成了，因此也不必再去苛责孩子，现在最重要的是怎样利用这个错误教育孩子，不能让这个错误变得毫无意义。

教育学家认为，最好的父母是那些具有宽容之心的父母，这样的父母教育出来的孩子往往是勇敢而豁达的。这是为什么呢？举个例子说，一个孩子如果不小心弄坏了爸爸的剃须刀，孩子会很害怕受到父亲的责罚。但如果他的父亲谅解了他，并告诉他剃须刀的正确用法，那么这个孩子就一下子从他所犯的错误中学到了很多东西：一、剃须刀的使用方法。二、负责任。如果以后再犯错误，有了这次的经验，孩子也一定会承担责任。三、宽容。父母是孩子的榜样，父母能够宽容孩子的过错，孩子的性格也会变得宽容大度。

妈妈不在家，5 岁的强尼想喝牛奶，于是他决定自己去拿。牛奶在冰箱里，小小的强尼根本够不着，他搬来一把椅子，踩在上面，左手扶墙，伸出右手去拿大罐子的牛奶，却没有拿稳，手一松，整罐牛奶都打翻在地上。牛奶淌了一地，几乎整个厨房的地面上都是。强尼很害怕，他想妈妈一定会很生气的。

意外的是，回家后的妈妈看到这些后并没有发火，却说："我从来都没有见过这么漂亮的牛奶海洋。"看到强尼的紧张情绪已经缓解，妈妈接着说："你愿不愿意跟妈妈一起把牛奶打扫干净呢？牛奶海洋是很漂亮，但是这样子的话地板上就很脏了。"

接下来，妈妈拿着拖把、扫帚带着强尼一起把厨房打扫了一遍。然后，妈妈又把他先前打翻的牛奶罐子装满水，放进冰箱，教强尼怎么拿才不会把罐子打翻。

其实小孩子都是这样，他们尝试去做某些从未做过的事，而父母又不在身边的时候，也许会因为自己的举动给父母带来麻烦。

想一想如果你的孩子不小心打翻牛奶瓶时，你会怎么处理呢？是怒气冲天，大声呵斥孩子："你那么笨啊，连牛奶都不会拿？"还是赶紧自己收拾残局，告诉孩子："没关系，没关系，你不要过来，不要踩到牛奶，让妈妈来收拾。"还是叫孩子一起来收拾，一起承担自己不小心做错的事？然后，再教孩子怎么去做就不会再次出错？

父母应该选择的是第三种做法，这样，你的孩子以后做事就"不怕做错事"，也有信心和勇气不断尝试、实验；尽管有时还是会出错，但他会学习用"心平气和"的心来看待，并勇敢地"自我承担"所做的一切。更为重要的是，他从你的身上学会了宽容别人的一些无心过错。

一天强尼的朋友，5 岁的约克不小心把强尼辛辛苦苦做好的纸房子给弄坏了。可原本很生气的强尼并没有像往常一样跟自己的小伙伴打起架来，而是拉起约克的手说："约克，咱们再做一个。"强尼想起自己打翻牛奶妈妈都没有骂自己，约克只不过是弄坏了纸房子，那更是可以原谅的了。妈妈站在一旁，欣喜地看着约克："宝贝，你做得很对！""妈妈，我还会教会约克怎么制作小船！"得到妈妈鼓励的强尼高兴地对妈妈说道。

心理学家告诉我们："当一个错误已经发生、覆水难收时，你发再大的脾气，也都于事无补。"大声责骂小孩，也只是使小孩更害怕、更恐惧而已，更糟糕的是，你的愤怒造就的可能就是一个性格胆小狭隘的孩子。在生活中，当错误已经发生时，宽容孩子的错误，教会孩子勇敢面对、勇敢承担才是父母最好的选择。

而生活中，一些父母往往对于孩子太过苛刻，不能宽容，结果他们的孩子根本无法从错误中学到任何有价值的东西，孩子也因此变得越来越胆小畏缩。

马克是个活泼好动的孩子，那天，他不小心将父亲给他新买的鞋子弄坏了。

"马克，你是怎么搞的，把这双刚给你买的新鞋弄坏了。"父亲指着他的鞋问道。

"我在与其他的孩子玩的时候……被一颗钉子划了一下……"马克小心翼翼地回答道。

"被钉子划了一下！"父亲生气地说，"你这个坏孩子，为什么这么不听话！把鞋子弄坏了是小事，弄伤了脚怎么办？那会使你变成残废的。"

这时，父亲的朋友兰特刚好来拜访他，父子俩刚才的谈话都被他听见了，他看见马克难过得都要哭出来了，便走上前去。

"嗨，老朋友！"兰特笑着向他打招呼，"这是怎么回事？你瞧，我们的小马克多不高兴呀！"

"他还不高兴？"父亲指了指手中的鞋子，"这个调皮的家伙把刚买的新鞋弄成了这个样子。"

"是吗？"兰特做出不在意的样子，"我看这没什么问题。一条小小的伤痕并不影响这双鞋的作用啊！孩子嘛，给他讲清道理就行了，何必那么过于严厉。"兰特笑着说道。

"不能轻易饶了他，否则他会变得无法无天起来。"父亲说。

这是一位多么粗暴的父亲，因为一个小小的错误，而且是孩子无意中犯的错误，他就对孩子如此严厉，给孩子那么多指责。这个小错误其实是个教育孩子的好机会，如果他能谅解孩子的无心之过，孩子对父亲将会多么感激呀！这时再告诉孩子，跑跳时要注意安全，要爱惜物品，孩子一定会认真地记下父亲的要求的。

教育学家早已告诉我们，父母的教育对孩子品行的形成影响是最大的，不要总是抓住孩子的错误不放，严厉地训斥他们。因为低俗的教育只能培养出低俗的孩子。因此父母们应当尽可能地宽容自己的孩子。

宽容孩子不是纵容孩子，宽容是为了让孩子在错误中学到东西，让孩子不再犯类似的错误，宽容孩子的错误就是给孩子痛改前非的机会。

4. 父母要允许孩子犯错误

教育学家认为，宽容的最高境界就是不怕孩子犯错误、允许孩子犯错误，因为不断犯错误，不断吸取经验教训，正是孩子成长的必经之路。

强强 5 岁了，是一个虎头虎脑的小家伙，力气大，活泼好动。妈妈常对别人夸奖强强说："我从来不娇惯孩子，强强自己穿衣服、吃饭，从来不用我们操心！"就像妈妈说的那样，强强确实是个好孩子，不但自己的事情自己做，还总想帮妈妈忙。

有一天，妈妈出门买菜，把强强一个人留在家里看电视。强强看到电视中一个小朋友帮妈妈洗衣服的画面，于是决定自己也试试。他拧开水龙头把家里的几个桶、几只盆全都盛满了水，然后打开妈妈的衣柜，把妈妈的衣服一件件地取了出来……

妈妈终于回来了，强强满脸兴奋地站在妈妈面前，准备接受妈妈的表扬。

"我的天！你做了什么啊？"妈妈看到浸泡在水里的皮大衣、毛料套裙、羊毛衫，还有两双皮鞋，一时间气得脸色发紫！在妈妈怒气冲冲地斥责里，强强惊恐万状、不知所措，终于吓得"哇哇"大哭起来……

这位妈妈为儿子会动手做事而骄傲，但却不能宽容儿子因好心而犯下的错误，而她的责骂必然会给孩子参加家务劳动的主动性和积极性带来沉重打击。可以说，妈妈对孩子犯错的处理态度和方法是不妥当的，应当首先问清楚具体的情况和原因，孩子完全是由于缺乏经验，是好心做了错事。这就应当给予宽容、谅解，然后再具体指导孩子如何打扫卫生。这样既保护了孩子参加家务劳动的积极性，又使孩子学会了如何打扫卫生，就是一举两得，那有多好。

意大利著名女教育家玛丽亚·蒙台梭利所倡导的教育方法就是"容过"，即不要怕孩子犯错误，要允许孩子犯错误。在蒙台梭利看来，父母怎样对待孩子犯错误，及其怎样对待孩子改正错误的态度才是重要的。尤其是父母对待孩子犯错误和改正错误的方式、方法，将直接对孩子产生重大影响，决定孩子正确对待和处理错误的态度和行为。

那些被父母轻视的孩子，性格变得害羞、沮丧和恐惧的例子，在我们身边举不胜举。"我做不好"，所以"我干脆不做"——这就是孩子在犯错误之后，不能及时得到正确引导、矫正的结果。要解决这样的问题，最好的方式就是允许孩子犯错误，让孩子在错误中得到经验和教训，并从中学习到改正错误的方法。

蒙台梭利说在传统的管教方式里，孩子的训练是受两条准则的引导：奖赏和惩罚。大部分父母认为，改正孩子的错误和批评孩子是他们的主要任务，于是当孩子有了过失之后，他们就先不分青红皂白地训斥孩子一顿。在训斥警告过孩子之后，有的父母会问一下孩子犯错的原因，有的甚至连问都不问，这是极不恰当的。蒙台梭利认为家长应宽容孩子的错误、和颜悦色面对孩子的错误，容许孩子逐渐改正过来。

　　有一位中国教育工作者去瑞士访问，一位瑞士同行热情地邀请中国人去他家里做客。闲谈了一会儿后，主人就带着中国客人去楼上看他三岁的儿子。当他们来到孩子的小房间时，发现那个调皮的小家伙正在制造一场"灾难"：他用剪刀把窗帘剪出了好多洞，又把那些碎布片用胶水粘在墙上。中国客人想，这位父亲一定会狠狠地骂孩子几句，甚至打他一顿，但是出人意料的是，爸爸兴奋地冲上去抱起了儿子："哦，宝贝！你简直是个天才，这么小就会用胶水和剪刀了！不过我的孩子，你最好别动床单、窗帘什么的，那可是你妈妈的宝贝！晚上爸爸再教你怎么使用它们！"小家伙乖乖地交出了"凶器"，跑到一边玩模型车去了！中国客人目瞪口呆地问："你不教训孩子几句吗？我以为你至少应该让他知道自己闯了多大祸！"主人笑着说："不，犯错是专属于小孩子的自由，我不能粗暴地打他，骂他，我不希望孩子犯错，但更不希望孩子因为害怕犯错，就什么都不去做！"

　　这位瑞士父亲的做法就很值得我们反省、深思，这种教育方法也是对"容过计"的一种很好的阐释，仅仅宽容孩子的错误是不够的，还要允许孩子犯错误。如果父母们总是把错误看成是罪魁祸首，甚至不惜一切地避免孩子犯错误，那么孩子就会渐渐变得畏缩，什么也不敢去尝试。

　　当然，允许孩子犯错误，还有一个允许到什么程度的问题，这就要求父母对待孩子所犯的错误，设立一个合理的限制尺度。

　　我们给孩子的自由是限制之内的自由。比如给予孩子在家中自由活动的自由；给予孩子选择的自由，支配时间的自由；孩子自己选择学习或娱乐的自由；自己选择独处或与其他孩子交往的自由……我们所给予孩子的这些自由，应当是在限制之内的——孩子不可以干扰或伤害别人！这就是明确而坚定的合理限制。

　　允许孩子犯错误，也是为了让孩子从中学会处理错误的方式、方法，这对孩子的健康成长来说是至关重要的。

5. 播种宽容才能收获良好习惯的果实

　　世界上没有十全十美的孩子，每个孩子都多多少少有点小毛病、小缺点。所以父母一定要宽容、体谅孩子，给他们改进的机会，这样孩子才能逐渐养成好习惯。

　　孩子年龄虽小，但也有很强的自尊心，父母一旦对他们的缺点或缺陷表现出强烈的厌恶感，孩子稚嫩的心灵就会受伤，造成无法挽回的遗憾。

　　7岁的婷婷是个很可爱的小女孩，但却有一个很不好的习惯——说谎。父母为此非常生气，一旦发现孩子撒谎就对她又打又骂。有一次，妈妈去接婷婷放学时，老师告诉妈妈，婷婷在学校打破了一个花瓶，但却不承认是自己做的。妈妈非常生气，她立刻把婷婷从自己身边推开，大声说："又撒谎！这样坏的孩子丢掉算了！"婷婷站在角落里，惊恐地看着妈妈，第二天婷婷就离家出走了。

　　面对自己的孩子，望子成龙，望女成凤的父母总是容易期望过高，有时候期望孩子能像自己一样有成就，更多的是希望孩子青出于蓝胜于蓝。对孩子的行为过分挑剔成了大多数家长常犯的错误。这些家长时时刻刻盯着孩子，当他们有些事情做得不好或不对时，就急切地去纠正，直到他们完全无误才肯罢休。

不论是头脑还是容貌方面的缺点，都不应成为父母责骂孩子的题材。我们常见到这样一种母亲：刀子嘴，豆腐心。她们爱护自己的孩子，对孩子生活上关心备至。孩子在外面如果受了顽皮孩子的欺侮，她们会心疼得说不出话来，总要去讨一个公道。但是当孩子不读书或不听话时，她们也什么话都骂得出来。她们时常骂些过头话："笨蛋！你怎么这么蠢呢？什么功课也不会做。你真是蠢死了？这样蠢，还不如死了的好！真把我气死啦！"骂过，自己气消了，对孩子又爱护如前。但是她却不知道，也从未认识到她这种刀子嘴，对孩子心灵的伤害有多大！

做父母的没有不心疼自己的孩子的，正是由于这种心疼与忧虑使他们对孩子的某些缺陷更加感到无奈与怨恨，因而在生气时，或孩子不听话时，这种对上天不公的怨恨就淋漓尽致地发泄出来了。尽管不是真正地嫌弃自己的孩子，所说的话也不过是一时气话，然而它无意间对孩子心灵造成的伤害是无法弥补的。

一句话，父母绝不能嫌弃自己的孩子。如果你希望自己的孩子拥有好性格，那么就一定不要苛责他们，伤害他们。

性格的培养也要讲究方法，父母要做的是：用宽容代替惩罚，给孩子尊重和耐心。

在美国经典电影《师生情》里有这样一个场景：一位优秀的白人教师，他在给一名长期受到种族歧视的黑人孩子上课时，耐心地鼓励他说："孩子，老师相信你是天下最好的孩子，是顶天立地的男子汉！你不要紧张，仔细数数老师这只手究竟有几个手指？"

那孩子缓缓地抬起头，涨红了脸，盯着老师的 5 个手指，数了半天，终于鼓起勇气，开口说：3 个。

面对这样的结果，这位伟大的老师没有责备，也没有泄气，而是依然满怀热情地说："太好了，孩子你简直太了不起了！一共就少数了两个。"

老师的鼓励像久旱的土地遇上了甘霖，孩子的眼睛一下子放光了。

这个电影片断曾深深感染了许多的老师和父母，令人永生难忘。

积极的心态对于孩子的智力发展，好性格的形成影响很大。一个自以为自己不如别人的孩子，总是倾向于向人们说自己不行，而爸爸把孩子的一次失败或一时的弱点作为缺陷讲给人家听时，孩子的自责就会得到强化，并逐渐地在心理上凝固成一种本非事实的事实，这会使孩子由一般的自责转变成自我失败主义心理，严重地压抑了孩子的进取心和创造性。

在对待孩子不良行为的问题上，很多家长缺乏宽容与耐心，一看到孩子有不好的行为，马上开始粗暴的责备。这样做的后果往往是让孩子感到心灰意冷，即使有心悔过，在父母粗暴的行为下，也变得越来越无所谓了。

无论孩子犯了多大的错，只要他有悔改的想法，做家长的都要给他重新开始的机会，不肯原谅已经悔改的孩子，只会让他越走越远。因为这世上，没有什么错误不可以改正。毛病再多的孩子，在恰当的教育下，也会发生让你惊讶的、奇迹般的改变，关键是家长们要有一颗充满爱的、宽容的心。

阿格尼丝是个漂亮、聪明的女孩子，学习成绩也不错，但有一个缺点就是不够诚实，常常撒谎。妈妈一直想帮女儿纠正这个坏毛病。

有一天，阿格尼丝的妈妈接到一个莫名其妙的电话，对方自称是凯瑟琳的母亲，她指责阿格尼丝妈妈没有好好管教自己的女儿。一头雾水的阿格尼丝妈妈直到凯瑟琳妈妈平静下来才明白致使她如此怒不可遏的原因。

原来，周末出去度假的凯瑟琳一家回来后发现，家里地上撒满了打碎的鸡蛋，屋里被弄得臭气熏天，而这些就是阿格尼丝带人做的。因为阿格尼丝的男朋友威尔逊最近和她分手，而开始和凯瑟琳约会，心有怨恨的阿格尼丝于是带了几个朋友来报复凯瑟琳。

阿格尼丝的妈妈很清楚自己女儿一贯的泼辣作风，她开始相信这是女儿的作为，于是她说："让我先同她谈一谈，再给你回话，我为你的不幸感到抱歉。"

等到阿格尼丝回到家，妈妈问她："凯瑟琳的妈妈打电话来了，说你把鸡蛋扔进了他们的屋子里，你能不能告诉我，到底发生了什么事？"

"没有，妈妈。"阿格尼丝嘴上十分肯定地说。

"那好吧，我打电话给凯瑟琳妈妈。"阿格尼丝妈妈说。她拨通了凯瑟琳家的电话："你好，我是阿格尼丝妈妈。我想你是误会了我女儿，她不会做这样的事情，我希望你停止向别人传播不利于她的消息。而且，我希望你能向我和我的女儿道歉，因为你错怪了她……"

一旁的阿格尼丝很是感激母亲这样为自己辩护，但同时，她也因为自己向妈妈撒了谎而难过得无地自容。她觉得应该告诉妈妈真相，不让妈妈为自己背黑锅。她做了个手势告诉妈妈挂电话。

妈妈照做了，她早就从阿格尼丝不自然的表情中看出了事实的真相，但是她决定把这个坦白的机会留给女儿。妈妈静静地坐着等阿格尼丝开口。

"我和威尔逊分手了，都是因为凯瑟琳，因此我一怒之下买了几十个鸡蛋扔进了她家里。你知道我心里有多么难过……"

阿格尼丝含着泪说完，等着妈妈大发雷霆，但出乎她意料的是，妈妈并没有发火，反而跟她讲起自己过去的类似经历。

一番推心置腹的谈话后，阿格尼丝感觉到了母亲的爱与理解，这也给了她纠正自己错误的勇气，她勇敢地打电话给凯瑟琳的母亲，承认了错误，并愿意做一切来补偿自己所犯的过失。

这件事情之后，阿格尼丝真的很少再撒谎了，因为她觉得说谎话无法面对她如此宽容的妈妈。

对待有不良性格的孩子，我们也应该像阿格尼丝的妈妈一样，给予孩子爱与理解、宽容和耐心，让他们自己认识自身所犯的错误。如果一味以强硬的方式来解决的话，往往达不到自己预期的目标，反而使孩子与自己产生隔膜。

生活中，有不少"刀子嘴，豆腐心"式的家长，他们只知道自己的用心是好的，但却没有想到他们的"刀子嘴"会给孩子造成多大的伤害。培养孩子的好性格是需要耐心的，如果能对孩子多一点包容，那么就一定能达到好的教育效果。

6. 引导孩子在"淘气"中有所得

孩子淘气是最让父母心烦的，他们精力旺盛，不停地惹是生非，给父母带来了无尽的麻烦。对于这样的孩子，一般家长的教育策略就是：严加管教，然而这样做效果并不好。有的孩子越管越"皮"，处处和父母对着干，无法无天地淘气；有的孩子被家长管得老老实实，对什么都没兴趣，家长让做什么就做什么，失去了自己的个性。其实对淘气孩子的最佳管教方式是：在约束中纵容。这是对纵容计的一种活用：纵容孩子淘气，但要注意引导孩子向好的方面发展，让孩子在淘气中学到东西。

有这样一个故事：有一个孩子非常淘气，好在他有一个开明的母亲，从来不会严厉地压抑他的天性。有一天上课时，一名女学生突然发出一声惊叫："蛇！"全班顿时炸开了锅，一片呼叫声。一些学生爬上了桌子，还有一些往教室外逃。年轻的女教师慌了手脚。这个孩子却镇定地趴在桌子底下，伸手一把抓住一条蜥蜴，往一个小纸盒里一塞放进书包，若无其事地坐到位置上。班主任老师把他叫到办公室狠狠批评了一顿，并找来了孩子母亲。其他老师都反映：这个孩子是个淘气包，贪玩，常捉弄女同学，学习成绩不好。

希望家长多配合学校对他进行批评教育。

母亲把孩子领回家，但并没有批评他。因为她知道就事论事随便下结论，不分青红皂白训斥批评，是教育者的大忌。沉默了一会儿，她心平气和地问儿子："为什么要抓蜥蜴，不怕它咬吗？"儿子说："它没有毒，不咬人。""是吗？你怎么知道的？""书上说的。""你什么时候抓到的？""四五天了。""这么久了，喂什么给它吃？""我没有喂它。书上说，蜥蜴饿急了会吃掉自己的尾巴，我想试一试，看看是不是真的。它至今还没有吃掉尾巴。"母亲笑着拍了拍儿子的肩膀，鼓励他把实验做下去，并告诉他如何做好观察记录，同时向他指出：不该将蜥蜴带到学校。两个星期后，儿了兴奋地告诉母亲："蜥蜴的尾巴不见了。"母子一起剖开蜥蜴，在肚子里找到了尾巴。孩子高兴得不得了。正在这时，市里要举行科技小发明小论文竞赛。母亲就鼓励孩子把蜥蜴实验的记录，写成一篇观察报告，结果这篇报告获得了小论文二等奖。那天放学后，孩子把奖状端端正正捧在胸前，在同学羡慕的眼光里走出校门。

后来，同学们选他担任科技活动小组长，又成了班里的学习委员。

这个事例告诉了我们这样一个道理：淘气的孩子并不是一无可取，只要父母管教得当，孩子就会大有可为。

欧美很多国家对儿童教育的研究显示，淘气的孩子往往最具有坚强的意志力，而且通常很聪明。事实上，有时候孩子的淘气行为就是他具有开拓精神与创造力的一种表现。所以，父母应避免过分压抑孩子的反抗心理，顺势而为，开发"淘气包"的聪明潜力。

一天，母亲有事要出去，临走前，她交代六岁的儿子照顾好正在睡觉的妹妹。母亲走后，小男孩觉得很无聊，就开始在家里东翻西翻，结果在阁楼上发现了几瓶彩色墨水，他很好奇，忍不住打开瓶子。看到妹妹还在熟睡，于是，小男孩开始在地板上画起了妹妹的肖像。结果室内各处都被洒上了墨水污渍，家里变得脏乱不堪。

这时母亲回来了，色彩凌乱的墨水污渍充斥着她的眼睛，但是她也发现了地板上的那张画像——准确地说是一片乱七八糟的墨迹。她没有为雪白的墙壁、新铺的橡木地板而朝儿子大喊大叫，而是惊喜地说道："啊，那是你妹妹。"然后她弯下腰来亲吻了她的儿子。

这个男孩就是本杰明·威斯特，后来成了一位著名的画家，他常常骄傲地对人说："是母亲的亲吻使我成了画家。"

没有母亲对本杰明的纵容，也就没有本杰明后来取得的成就。因此，家长对孩子的淘气不必太过苛责，而是应当换个角度看待孩子的淘气行为，不要只注意孩子因淘气犯错造成了多大损失，而是让孩子在犯错后受到启发，那么这个错误就犯的有价值了。

为了有效地开发淘气孩子的潜能，为了让孩子从错误中成长，专家给出了以下建议：

（1）引导孩子改过

接纳孩子已犯的错误，注重事后的引导，是十分重要的，并给予孩子改过的机会，使其从改的过程中领悟出道理；否则，反正父母是不再给自己机会，也不再对自己存有希望，还用改过吗？进步的效果也就达不到了。

"纵容"孩子淘气，并不等于对他们的过错不闻不问，否则，亦达不到启发孩子的效果。所以，给予孩子正确解释，让他们知道犯错误的原因何在，请孩子想想避免或改过的方法，从中学习。

（2）不要随便责骂孩子

责备孩子前，先站在孩子的立场设想一下，想想他们的能力、感觉。例如孩子吃饭时打破了饭碗。"饭碗太大了，你的小手不够大吧？""所以，吃饭时就最好不要东张西望、看电视啦！"孩子也就觉得父母替自己设想，不是完全责怪自己，会发出内心的自我反省，不再存心推卸，并尽力避免下次再犯。

（3）帮孩子分担一部分责任

替孩子负担一小部分责任，减轻他们的心理负担，亦有助于他们反省。在孩子年龄较小时，不应给予太多责备，目的只在于给他们认错及思考、吸取教训的机会。

"纵容"孩子淘气，关键在于引导孩子，让孩子在淘气中有所得，若一味纵容孩子而不加引导，那就是溺爱孩子了。

7. 不要完全否定孩子的贪玩

孩子贪玩，是一个令父母感到头痛的问题。其实，父母们应该知道，玩是孩子的一种天性，是他们对周围世界感到好奇的行为表现，事实上，很多孩子往往是在玩耍中学到知识，加深对客观世界的认识的。哈佛大学著名儿童心理学专家组成的"发现天赋少儿培育计划"课题组，在对世界各地近3000名10岁以下儿童进行跟踪调查后发现，在被认为是聪明过人的孩子里，87%都有"强烈的好玩之心"。因此不要把你的孩子限定在你规定的"框架"里，"纵容"你的孩子开怀地玩耍吧，也许你也会得到一个玩出来的好孩子。

朱畅从小就是个特别贪玩的孩子。每天放学后，朱畅不是拿着他自制的"捕虫器"到田野里捉虫子，就是带着其他几个孩子拿着一个放大镜到田间地头，观察庄稼的叶子。

有一段时间，父母对朱畅贪玩的行为十分恼怒，还多次没收了朱畅的一些玩耍工具。但这并不能阻止孩子的贪玩，朱畅总是有很多的"鬼点子"，今天玩耍的工具被没收了，明天他又能做出一个其他地玩耍工具。老师说朱畅够聪明，只是没有把主要精力用在学习上，所以学习成绩平平。爸爸、妈妈更是着急，不知道究竟怎么办才好！

小学毕业后，朱畅并没有考进"重点"中学，在一所普通中学里学习成绩也只是"中等偏上"而已。但朱畅制作航空模型的水平却是出了名的，他制作的航空模型不但在学校和市里获了奖，而且还参加过省级赛事。2002年，朱畅还是一名初三的学生，那一年在老师的指导下，由他设计的"SK-2"型航空模型获得了全国大奖……

教育学家认为：对于孩子来说，玩是学习，游戏是学习，学习本身也是学习。事实上，我们也很难找到一个不喜欢玩的孩子！父母之所以害怕孩子玩，是怕孩子玩得太出格了，因此限制孩子玩。

另外，一些孩子学习成绩不理想，这可能是由于他们心理上存在一些障碍，有一些生活习惯上的错误举止、行为，等等。当父母的不去寻找真正的原因，不分青红皂白，一律都把板子打到孩子"贪玩好耍"的身上。于是在不知不觉之中抹杀了孩子的创造力。

塞德兹的儿子非常贪玩，但塞德兹并不为此烦恼，他认为孩子在玩中也会有所得。有一天，塞德兹给儿子带回了几块眼镜片，有近视镜片，也有老花镜片。小塞德兹对新奇的事一向特感兴趣，他把镜片架在自己的眼睛上玩，没过一会儿就大叫眼花，只好把镜片举到离眼睛较远的地方才能看清楚镜片后的东西。塞德兹任他玩耍，不去管他。当他一只手拿着近视镜片，一只手拿着老花镜片，一前一后地向远处看时，他突然尖叫起来，原来他发现远处礼拜堂的尖塔突然来到了他眼前。

他高兴地大叫："快来看啊，爸爸，礼拜堂的尖塔就在这里！"

从此，他懂得了望远镜的原理并亲手制作了他的第一架望远镜。

在玩耍中，塞德兹制作出了自己的第一架望远镜，孩子就是在玩耍中认识世界的，阻止他们玩耍，就是阻碍他们的智力发展。

玩并不是阻碍孩子进步的障碍，恰恰相反，只要父母引导得法，方式恰当，孩子的"贪玩"正是引导孩子进步的阶梯。

为了引导孩子玩得得法，为了不让"纵容"出现偏差，我们建议由家长充当孩子的"玩伴"。

一个懂得教育孩子、会培养孩子的父母，理应把陪孩子玩，当成亲子教育中最重要的一环。让孩子充当"玩"的主角儿，感受玩的乐趣，在玩中加深对世界的认识，这才是我们的任务。

在与孩子玩的过程中，父母可结合"玩"的内容，培养、引导孩子对事物的兴趣。比如，捉蜻蜓后，引导孩子观察蜻蜓的外形，看看它们各有什么特征，有什么相同和不同的地方，再把它们与其他种类的昆虫比一比，让孩子对自然界的各种小生物发生兴趣。

陪孩子玩，也是引导孩子开阔视野，开拓思维的好途径。比如，父母发现孩子喜欢玩汽车玩具，在陪玩中就可向孩子介绍不同种类的汽车，以后再带孩子去参观汽车展览会，扩大孩子的眼界，孩子会饶有兴趣地了解各式各样的汽车，在现实生活中又和孩子一起观察汽车，获得更多的知识，启发孩子的求知欲望。

同时，玩也是培养孩子良好的品德的有效方法。父母在陪孩子玩的过程中，可以针对各种情况进行品德的培养。如带孩子去公园，要教育孩子爱护花木，爬山时不怕苦，不怕累，摔跤了要勇敢，不要破坏文物等。带孩子看电影，就应跟孩子一起做个文明的观众，不大声喧哗，不乱丢果皮纸屑，等等。

为了帮助家长们更准确地运用纵容计，建议家长在三个方面多下功夫：

（1）观察孩子的喜好

对于贪玩的孩子，父母应该注意细心观察孩子爱玩什么，怎么玩……分析这样玩对孩子身心健康是否有益，是否妨碍和伤害到其他人的利益，是否对社会环境产生不良的影响等。千万不要不分青红皂白就对贪玩孩子主观地横加干预。

（2）引导孩子去玩

贪玩孩子的兴趣爱好往往十分广泛，聪明的父母不是限制孩子玩，而是把孩子的爱好引向更科学、合理，有助于身心健康的方面。孩子如果爱好广泛又比较贪玩，他们往往玩起来认真投入，不能自制。父母应该怎样做呢？我们不妨看看下面这个例子：

小宇喜欢踢足球，放学后就在楼下的小路上踢。尽管场地狭小，仍然玩得汗流满面，还曾踢碎过人家的玻璃。后来父母分析，孩子喜欢踢足球是件好事，他在体育课中的长跑项目没有达标，而踢足球也是锻炼长跑的好机会。于是父母阻止了孩子在楼下踢球，而是在周末带他到学校的操场上去踢，这一下孩子玩得更尽兴了，这样做的结果既保护了孩子的兴趣，又弥补了体育课中孩子的弱项。

（3）帮孩子合理安排玩的时间

孩子的兴趣广泛，又得不到合理的安排，往往在玩的时候投入的精力多，占用的时间长，没有节制地玩会造成"贪玩"。改变孩子贪玩的现象，应该是父母帮助孩子合理地安排和选择"玩什么"，"怎么玩"和"什么时间玩"，使孩子能够在"玩"中受益。如父母不妨训练他的骑车、游泳等基本技能。有条件还可以经常带他们郊游，爬山，参观博物馆等。

孩子在"玩"的过程中不仅能开阔眼界，同时也能增长知识。因此家长应当鼓励孩子去玩，不要把孩子的一举一动都限制在框框里。

下篇

PART 3

找对方法

合同式教育是培养孩子良好习惯的新途径

　　有的家长可能说，这也不行，那也不好，到底用什么方法可以教育孩子养成良好的习惯呢？事实上，在这个问题上没有什么灵丹妙药，在上、中两篇中我们主要阐述了与习惯养成的相关问题，以使家长对此问题的思考和探索更加深入。同时在本篇里我们重点介绍一种合同式的教子方式，希望为家长们培养孩子的好习惯有更加直接的参考价值。

第七章

培养孩子学习与思考习惯的合同

作为孩子来讲，学习始终是他生活中的一大主题，那么学习习惯与思考习惯的养成就显得尤为重要。就孩子的身上的相关问题，与之签订一些有针对性的合同，会有助于这些好习惯的养成，进而提高他的思维和学习能力。

1. 让孩子喜欢学习的快乐学习合同

学习对于孩子成长的重要性是不言而喻的，但是，当孩子进入学习年龄段，家长开始重视孩子的学习时，大多数家长发现，让孩子喜欢学习并不是件容易的事。其实这也很自然，玩是孩子的天性，而学习总要面对新知识、新困难，孩子选择的砝码也就加重在玩乐上了。

李先生平常工作很忙，经常加班、应酬，回到家里感觉很疲惫，往往看一会儿电视便倒头就睡。因为觉得孩子还小，对他的教育问题没有给予过多的关注。自打儿子上了幼儿园的大班以后，李先生意识到孩子的学习问题该抓一抓了。

他决定自己每天晚上抽出一个小时的时间辅导儿子识字和算术。但问题马上就来了，儿子乐乐从小特别喜欢看动画片，贪玩好动的他只要坐到电视机前看起动画片来，就能动也不动地坐上一两个小时。头两次辅导，乐乐觉得新鲜学得还挺带劲，以后就心不在焉起来，要么开始学习时从电视机前拉不走，要么没学一会儿就往电视前跑。

这天在单位听到同事说起自己的孩子识得多少字、学习多么棒，李先生心里更是暗暗着急起来，下决心好好管一管乐乐的学习。

回到家，一眼看到端坐在电视机前的乐乐，李先生的气就不打一处来。他走过去把电视关掉，一把拉起儿子走到书房里，大声训斥道："天天就知道玩、看动画片，像你这么大的小朋友都认识多少字了你知道吗？现在不知道好好学习，长大了喝西北风不成？"

训完后开始教乐乐背古诗，但是教了足足十几遍，乐乐还是结结巴巴背不下来。李先生又忍不住发作起来："真是笨死了，连一首最简单的诗都背不下来，将来学习还能好得了？又怎么能考得上大学？从今天开始，以后不准再看动画片！"

乐乐眼泪汪汪地看着爸爸，吓得不敢吱一声。

李先生的做法显然是不可取的，作为家长必须明白一点：并不仅仅是你的孩子爱玩，天下所有的孩子都爱玩，从爱玩到爱学习的过渡需要有一个过程，这个过程并不是孩子可以自主地完成的，而需要家长以正确的教育理念和恰当的方式方法去引导，这中间既需要家长适当的约束、管教，更需要家长以平等的态度让孩子自愿参与到对自己学习的"管理"中来。

国内一家心理咨询机构对近万名小学生进行了一次心理测试，结果发现，有接近 70% 的小学生对学习没有兴趣，甚至"厌恶学习"。有些不喜欢读书的孩子，宁愿把自己关在家里，他们到了课堂上总是打瞌睡，想睡觉。甚至有的医生还将不喜欢学习的学生出现的这种症状称为"厌学综合征"。要想有效解决孩子的厌学情绪，首先，父母要为孩子创造一个愉悦的学习环境。人在心不在焉时，是无法牢记任何东西的，困倦的时候也是如此。有些孩子注意力不集中，手捧书本，心却飞到运动场；一边看书，一边打盹儿等。一旦发生这种情况，父母一定要让孩子停下手上的功课，出去玩个痛快或者尽情地大睡一觉。让孩子逐渐养成定时、量力而行、扎实、有效的学习习惯。比如每天按制定的时间表学习；再制定一份学习计划和学期奋斗目标等，也可以借鉴别人的学习经验，形成自己的学习习惯。

父母应让孩子记住学习是艰苦的，却有方法可循。"考试像平时，平时像考试。"这句话是有道理的，只要孩子平时能像对待考试一样认真学习，不放过任何一个问题，那么面对考试时，孩子必会胸有成竹，感觉到考试像平时一样轻松，不会有压力。家长要检查作业及学习成果，帮助孩子找出错误的原因，不要被同一问题难倒两次。不断检查自己所制定的学习措施的有效性，及时地对无效措施进行改正。

培养孩子在学习中寻找乐趣十分重要。学习并不是死记硬背，游戏和娱乐中往往有很多知识，只要留心，处处都是课堂，时时都是学习。在游戏中学习不仅可以使孩子产生浓厚的兴趣，而且有助于培养孩子的观察能力和分析能力，使孩子的潜能得到开发。当孩子不喜欢学习的时候，通过游戏也同样可以使孩子对学习产生兴趣。孩子的兴趣有一个逐步发展的过程。父母要鼓励孩子多接触社会，亲近大自然，丰富多彩的社会生活和大自然是孩子们最好的课堂。陪孩子去开开眼界，丰富了感性认识，激励他的斗志，强化他的信心，提高他的学习兴趣。父母要鼓励孩子多看书、看电视、看报、听音乐，适当地进行有氧运动。父母多与孩子一起玩，培养他们多方面的兴趣，并从单一的兴趣转移到学习方面的兴趣上来。游戏不仅不会浪费孩子的宝贵时间，而且是孩子的一种十分有效的学习方式。游戏在孩子的身心发展中具有非常重要的作用，孩子的学习大部分是从游戏中产生的。应该鼓励孩子玩耍，鼓励他们和伙伴们一起玩耍。对孩子来说，玩就是学习，不会玩耍的孩子也就不会学习。家长不要让孩子在枯燥无趣的状态下学习，不要认为游戏只是孩子的一种娱乐方式，如果认真地指导孩子，他一定会在游戏中学到很多知识。

在孩子的成长中，高分数、好成绩并不代表一切。父母要降低过高的期望值。每一个孩子的先天条件不同，接受知识的能力和效果就会有区别，考试的分数就会出现高低之分，不可能每个孩子都出类拔萃。只有家长摆正心态，才能正确对待孩子的考试分数。一些决定孩子命运的关键因素不应被忽略，它们才是孩子未来的保障。父母的目光不能只盯在暂时的成绩上，孩子要进行的是一场人生的、持久的接力赛，只有解决了教育中遇到的关键问题，才能找到正确的发展方向，才能积蓄竞争力，打好持久战。

父母要避免只看成绩单不看孩子努力程度的错误做法，当孩子用心学习时，即使成绩不是很理想也要对孩子进行鼓励和表扬。如果孩子成绩不好，父母应该主动帮助孩子寻找原因，这样才有助于孩子学习成绩的提高。此外，家长在帮助孩子提高学习的同时，更要培养孩子健康的心理和良好的素质。这对于孩子的健康成长更为重要。在家庭教育中，打骂和讽刺并不能改变孩子不理想的学习成绩，相反只会使孩子变得更没有信心将学习成绩提高。当孩子拿着分数很低的试卷回家，父母恰当的教育方法是，首先应该表示对孩子的理解，要告诉孩子："分数并不是最重要的，重要的是你真正努力了。"父母应该对孩子的努力进行表扬，并帮助孩子找到成绩差的真正原因，这样才有助于孩子学习信心的建立，进而有助于孩子成绩的提高。

家长也要通过自身的学习，努力掌握寓教于乐的教育孩子的方式。寓教于乐，从根本意义上讲，是将教育过程贯穿于日常生活，将灌输式教育转变为轻松快乐的主动学习。从形式上可以在轻松的谈话中、散步中灵活开展。寓教于乐的观察力的培养最能于细微中见功夫，在轻松自觉中见成效。

附：爸爸妈妈跟孩子签订的学习合同

甲方：爸爸妈妈

乙方：

学习对于乙方来说是最最重要的事情，为了帮助乙方从现在开始树立学习第一的观念，同时也为了给乙方营造一个轻松、自由的学习环境，甲乙双方经过协商，达成如下协议：

①乙方承诺在老师讲课的时候认真听讲，努力把老师讲解的知识记住、学会。

②乙方回到家后要向甲方复述当天一天所学的内容，该记没记住的知识在甲方的帮助下重点记忆，仍不明白的内容向甲方请教，直到明白为止。

③____点至____点为乙方做作业时间，____点到____点为甲方对乙方重点辅导时间。

④乙方保证规定时间内的学习效率，不贪玩、不东张西望，不做各种小动作，一口气完成老师和爸爸妈妈规定的学习任务；甲方不得延长乙方的学习时间，不得随意增加额外的学习任务。

⑤____点至____点为乙方自主支配时间，可以看动画片等，甲方不得干涉。

⑥甲方在辅导乙方学习的过程中，要态度温和，不能大声呵斥、打骂，因为有时候乙方记不住或听不懂是正常的，甲方必须保持足够的耐心。

⑦为了让乙方感觉到通过学习增长了知识是一种快乐的事情，甲方对乙方在学习上的每一点进步要给予随时随地的表扬和奖励；对于乙方在某一方

面优秀的表现或比较大的进步,甲方要给予重奖。

⑧对于老师反映的乙方在学习方面的不足、毛病以及乙方考试成绩不理想的情况,甲方不能不问青红皂白地批评乙方,而是应该了解清楚情况,帮助乙方解决问题。

⑨甲方不能总把乙方与其他的孩子对比,并借此贬低乙方,只要乙方在学习上尽了力,甲方就应该把乙方看作最棒的孩子。

⑩对于乙方在学习当中遇到的各种问题,甲乙双方应共同协商解决。

甲乙双方在平常要互相提醒,互相监督,坚决按本合同的约定执行,如有违反,自愿接受对方的惩罚(惩罚方式另行协商)。

本合同自甲乙双方签字后生效执行。

甲方(签字)　　　　　　　　　　　　　乙方(签字)

　　年　月　日　　　　　　　　　　　　　年　月　日

合同执行要点:

①许多家长在对待孩子的学习问题上常犯急功近利的毛病,总希望自己的孩子教什么会什么,见孩子遇到点障碍就着急,失去耐心,态度粗暴,使孩子对学习产生抵触心理。所以,这个合同首先约束的是家长自身,家长必须转变态度、放下架子,站在孩子的角度去与孩子沟通,才能为孩子营造一个"快乐学习"的家庭气氛。

②俗话说"习惯成自然",学习一旦成为习惯也就不再成为一件困难的事。这个合同的目的之一就是使孩子养成"按时学习、自觉学习"的习惯,因此,在合同执行之初,家长一定要严把时间关,双方确定好的学习时间就坚决执行,久而久之,他也就"习惯"了。

③家长可以根据孩子的自身特点和学习状况,加进一些学习细节的要求,比如对于学习不主动的孩子,可以规定每天向老师或家长问几个问题,

做到了就给予奖励。

2. 让孩子按规律作息的时间合同

小孩子的时间观念一般都不强，做起事来常常边玩边做，对于约定好的作息时间有时会耍赖、不遵守。应该说对于孩子这都是正常的表现，但是作为家长不能任其发展下去，需要花大力气来纠正。

孙建亮读小学了，做任何事都特别慢，爱磨蹭。早上起床起半天，有时穿一件衣服要磨蹭五六分钟的样子。刷牙挤个牙膏也用上半天，好像在玩牙膏。然后吃早饭，基本上每顿要 1 小时，张张望望，吃吃停停。晚上看电视，看起来就没个完，妈妈三番两次地催促他，他也不上床睡觉。更要紧的是，这两天学校考试，他的试卷有好几道题都来不及做，考试结果一塌糊涂。见到这种情况，他的妈妈后来想了个办法。

这一天，当他还有十分钟就要上学的时候，妈妈才喊他该吃早饭了，妈妈就站在一边时刻地提醒他还有几分钟，过了一会儿，又提醒他还有几分钟。这样一来孙建亮有了紧张感，但还是迟到了。

妈妈于是给班主任打了个电话，说明了具体情况，请老师协助她一下。

孙建亮到了学校以后被老师批评了。从那以后，他每次吃早饭都很着急。因为他担心如果真的晚了，到学校以后班主任老师又会批评他的。

妈妈想，吃饭慢的问题是解决了，其他的问题仍然存在，该怎么办呢？

孩子时间观念的培养应该从小做起，开始上幼儿园的时候就应灌输和强化这一观念，因为这对每个人一生的成长都是十分重要的。当然如果像孙建亮妈妈一样到了小学才开始关注这个问题也不必太着急，只要想办法，循序渐进，问题总会解决的。

有的孩子平时做作业磨蹭，一小时能做完的作业，边玩边做了三个小时也没有做完，不但会形成动作慢的坏习惯，而且还会养成注意力不集中的不良品质，浪费了求学的黄金时间。对此，家长应与孩子一起讨论，以确立日常生活中的常规事务（如起床、吃早饭、上学、放学回家、午睡、下午上学、放学回家、做家庭作业、上床睡觉等），该从什么时间开始干，最多花多少时间干完等。重要的是要指导孩子有效地安排学习时间，即制订好学习计划，按计划学习，要让孩子拥有一份切实可行的周安排表，力求做到每日有固定的学习时间。完成作业后，才去参加适当的文娱、体育活动，要求孩子"今日事，今日毕"，当天的作业不要拖到第二天完成。惜时是成功的秘诀，父母要从小培养孩子良好的时间观念，养成良好的时间观念是一个人做事成功的基本前提。孩子的拖沓久而久之会形成习惯，最终使他们变得懒惰，而懒惰的人终将一事无事。

要培养孩子有计划地做事情，分配时间，节省时间。这是培养时间感中最重要的部分，是训练孩子时间感的目的所在。时间感的培养包含了对时间的把握和感知，对时间的合理的分配。一个有时间感的孩子，通常做事情会比较有条理性，主次分明，效率很高，而没有时间感的孩子，即使他自己知道是几点，几号，星期几，却不一定懂得合理地使用和分配时间，做事情作风拖拉，没有秩序感。所以，如果可以让孩子从小就对时间有着很强的感觉和概念，能够从小训练他合理地分配时间，将对孩子今后的生活学习非常有帮助。

法国作家罗曼·罗兰说："人生不出售来回票。一旦动身，绝不能复返。"要让孩子懂得珍惜时间就是珍惜自己的生命，从而树立高度的时间观念，充分利用时间，发挥自己生命的最大潜力，有效率地去学习和工作。

附：爸爸妈妈跟孩子签订的遵守时间合同

甲方：爸爸妈妈

乙方：

为了让乙方成为一个遵守时间、按时间上学、作息的好孩子，甲乙双方达成如下协议：

①为了确保乙方早上 7：30 之前按时到校，甲方为乙方"请"来一位好朋友——闹表。每天早上 6：30 听到好朋友的叫声，乙方要马上起床。

②乙方起床后要在 7：00 之前洗漱、上厕所完毕。

③乙方保证 7：15 之前吃完饭走出家门。

④下午 4：00 放学后，必须于 4：30 分前回到家里，特殊情况不能按时回家要打电话向妈妈请假。

⑤放学回家后应该在 40 分钟内完成作业，作业完成后可以做一些自己喜欢的事情。

⑥晚上 9：00 前上床睡觉。

⑦周末时，晚上 10：00 前睡觉，早上 7：30 起床。

⑧本学期结束时，如果乙方能够按照本合同的约定一直遵守时间，甲方承诺帮助乙方实现他最大的一个愿望。

⑨本合同自双方签字后生效执行。

甲方（签字）   乙方（签字）

　年　月　日   年　月　日

合同执行要点：

①在与其签订合同前，要和孩子进行充分的沟通，让孩子意识到这是一件很严肃的事情，需要认真对待。合同条款可根据各家的具体情况而定，但一定要目标小、可操作性强，千万别提过高的要求，否则在检查兑现与否时

双方很可能产生分歧与争执。

②家长帮助孩子制定了作息时间，生活气氛就会紧张。渐渐地，孩子的闲散行为就可以克服了。平时，要让孩子自己的事情自己做，使他们的动手能力获得提高。刚开始时，孩子的进步会很慢，父母必须要有耐心。父母不要每天跟孩子唠唠叨叨，这种说教是毫无益处的。当孩子浪费时间时尝到了一些苦头，这样，他才会在其中接受教训，认识到不抓紧时间就要受到损失。

③无论学习还是生活都可以分为两大类：一类是必须在规定时间内办理的，例如上课、做作业、打扫卫生等；另一类是较为自由的，在一段时间内，什么时候办都可以，例如理发、买衣服等。对于第一类要求孩子形成定时、及时完成的好习惯，比如孩子放学回家要先做完作业后玩；对于第二类，则要求孩子学会随机办理的好习惯，完全可以在紧张的学习之余，出去散心的时候办理。

④在如何利用时间问题上，家长一定要树立一个好榜样。"当日的事当日完成"。父母对这样的格言，既要传授给孩子，更要身体力行，绝不能"我现在没时间，明天再说"。父母也应遵守时间表，干任何事都要准时。

3. 培养孩子阅读习惯的读书合同

有的家长认为，读课外书、涉猎考试内容之外的知识，会分散孩子的学习精力，不利于孩子学习成绩的提高。有的家长甚至为此严禁孩子看课外书，查到后就予以没收。其实，一般孩子阅读健康的课外书不是太多，而是太少了。家长应该做的是鼓励、引导孩子多读书、读好书。

于波平时很喜欢户外运动，只要有时间，他便去外边打拳踢腿玩球，家里的书他根本没时间理它们。因此，他的知识面很有限，每次写作文简直是他最头疼的事。

有一次，于波草草地做完了家庭作业，就迫不及待地想去健身器材那里疯一会儿。这时，爸爸走了过来，温和地问于波，这次作文怎么拿那么低的分数，于波说实在是没什么好写的内容。爸爸指着他的书柜说："妈妈爸爸无论是出差还是逛街都会想到给你带本书回来，不是来给你做摆设的，你要用心去读一读才行。课外书中有很多你的课本里没有的内容，可以扩展你的知识面，对你以后步入社会也极有帮助。"于波不高兴地说："书是有不少，可我不是看不懂，就是不喜欢看。"爸爸听了意识到，要想让孩子喜欢读书，光知道买书还不行。这以后，他根据儿子的喜好选出他能读懂的书，然后给于波声情并茂地讲故事大概，然后留下尾巴卖个关子，再把书交给于波让他自己读。慢慢地，于波能够把一本书认真地读下去，并最终被这本书深深吸引住了，他发现书里面果然有很多有意义的东西。开了个好头以后，为了巩固成果，爸爸拟定了一个促进于波多读书的合同，施行了一段时间后效果还真不错。

莎士比亚曾经说过："书籍是全世界的营养品。生活里没有书籍，就好像没有阳光；智慧中没有书籍，就好像鸟儿没有翅膀。"可见让孩子从小养成阅读的好习惯的重要性。孩子有了良好的阅读习惯，一方面可以汲取更多的精神营养，培养孩子良好的道德品质；另一方面能使孩子储备丰富的知识，发展智力。养成良好的阅读习惯，不仅有利于孩子各学科基础知识的学习，还有利于培养孩子对问题的理解能力，有利于孩子素质的全面发展，更有利于孩子的成长、成才。

许多教育专家呼吁："孩子对文字的冷漠态度就像一种隐形液体，正慢慢渗透到社会文化中。当逃避阅读成为习惯，孩子的阅读能力便会退化，从而直接影响他们的成长。"

研究表明，家长的语言表达能力和方式是影响孩子阅读能力的一个重要因素。大体上可以把家庭环境分为两种类型：一种是缺少语言刺激的家庭。家长或是沉默寡言，或是讲话简单，不讲究用词的丰富与规范性，孩子生活在一个缺少语言刺激的家庭中，没有意识到语言的重要性，所以从小就缺乏语言经验。这种孩子很可能重视操作与活动，动手能力较强，而语言能力很差。长此以往，养成了孩子不爱阅读的习惯。另一种是重视语言的家庭。在这种家庭中，家长经常与孩子交谈，用词准确而规范，有较高的文化素养。在这种家庭中长大的孩子，从小就受到良好的语言刺激，知道语言的重要性，所以养成了重视阅读的行为习惯。两种不同的家庭环境，造就了孩子两种截然不同的阅读习惯。前者将直接影响孩子的学习成绩和智力发展，而后者将有助于孩子学习成绩等诸方面的提高。

激发孩子的阅读兴趣。在家中摆满各种有趣的书籍，让孩子可以顺手拿来翻看与欣赏，并随时给予鼓励。要使阅读成为孩子生活中不可缺少的内容，使阅读成为一种享受而不是负担，这需要身教。如若父母视阅读为生活乐趣的一部分，孩子自然会乐于读书。父母对待书报总是兴趣盎然，经常津津有味地读书看报，孩子便会觉得读书一定很有趣，对书籍就会充满好奇。

帮助孩子选择好书。教育学家认为，孩子需要那些与他们的年龄、兴趣及能力相宜的图书，他们也喜欢图书题材的丰富色彩。所以父母可以让孩子多接触不同方面的读物，如报纸、杂志乃至街头标语广告、商品包装等等。通过这些文字读物会让孩子懂得：语言文字在生活中的各个方面都是非常重要的。

要把读书作为一项消遣活动。在轻松的气氛下，安排一小段时间，与孩子一起读几分钟书。可在外出时，带上一两本书，在公园里，在河边，在鸟语花香的环境里，在清新的空气下，与孩子一起读上几段书。这样，自然而然地把孩子引入图书世界，使读书成为孩子的消遣活动。

与孩子一起读书。在孩子能独立阅读以后，仍坚持同他们一起读书。大部分孩子在 12 岁以前，其倾听理解能力要比阅读理解能力强，所以，父母为他们念书比他们独立阅读收益会更大。在孩子读书过程中，父母应先抽出时间，看看孩子要看的书，提一些问题写在纸上，让孩子仔细阅读，然后回答问题，这样可以避免囫囵吞枣。同时，帮助孩子纠正错误，这样，即使父母内向，孩子也照样能培养起良好的阅读习惯。

附：爸爸妈妈跟孩子签订的读书合同

甲方：爸爸妈妈

乙方：

爱读书的人有知识，有知识的人更有力量。为了让乙方成为一个有知识、有力量的孩子，甲乙双方达成如下协议：

①乙方对学过的课文都要读熟，要求背诵的要熟练背诵，甲方会经常检查，读熟背熟给予奖励，否则给予惩罚。

②甲乙双方共同挑选 3～5 本一个学期内乙方应认真读的书，作为乙方提高阅读能力的基本用书，双方对所选的书都有一票否决权。

③选一本故事性强的书，每天晚饭后一家人共同声情并茂地朗读一个故事，爸爸、妈妈、乙方分别担当故事中的某个角色。

④甲方每月一次带乙方逛书店，乙方可以翻阅、选择购买自己喜欢的书。甲方每月至少 1~2 次带乙方去图书馆。

⑤甲方选择一些经典的文章（或段落）、诗词要求乙方背诵，乙方应努力完成。如果乙方按要求完成背诵任务，甲方给予奖励。

⑥甲乙双方都应把自己所读到的精彩文章推荐给对方，或者向对方详细讲述文章内容，双方共同探讨对文章中某些问题的认识。

⑦甲方为乙方订阅乙方喜欢的报纸杂志。

⑧在乙方的阅读、写作能力有了一定提高以后，甲方支持乙方向少儿类报纸杂志投稿。

⑨甲方鼓励乙方剪辑、抄写从报刊和书中读到的精彩文章，自己也可以写文章，编成小报，定时分发给亲戚、邻居、同学。

⑩本合同自双方签字后生效执行。

甲方（签字）　　　　　　　　　　　乙方（签字）

　年　月　日　　　　　　　　　　　年　月　日

合同执行要点：

①要培养孩子的阅读能力应首先培养孩子的阅读兴趣。激发孩子对文字的好奇心和兴趣，把文字引入到孩子的日常生活，使他体验到文字能给他增加生活的乐趣和带来方便，那么他就产生了阅读的强烈愿望和动机。

②要舍得花钱为孩子买一些儿童读物和报纸杂志。教育心理学家凯洛博士发现，家中有百科全书、杂志等课外读物，能促使孩子学业进步、热爱知识。让孩子投入一定的精力去进行阅读，不仅要让孩子精读名篇名著，还要泛读杂书、博览群书。父母应把更多的时间交给孩子，让他（她）自由自主地阅读，在阅读中汲取知识营养。

③作为家长，在指导孩子阅读上，千万不要急功近利，千万不要从提高学习成绩上要求孩子阅读，更不要限制孩子的阅读面。对孩子来说，读书首先具有娱乐功能。使孩子养成不动笔墨不看书的阅读习惯，鼓励孩子写点读书笔记，留下读书的心得，哪怕是片言只语也是好的，精彩章节和佳句要能熟记。培养孩子吸收和运用知识的能力，孩子读了书，要鼓励孩子讲给别人听，或把精彩句子用到作文、书信、日记中去。

④帮孩子选适合他阅读的书。首先要为孩子选择那些观点正确、内容健

康向上、适合孩子年龄特征和知识水平的书。要鼓励孩了保存看过的图书，爱惜图书，保持图书整洁，不撕书，不折页。鼓励孩子自己选择读物，和孩子讨论哪些是适合他们看的读物，哪些是他们自己特别感兴趣的读物。

4. 提高孩子成绩的进步合同

不少家长总为孩子学习成绩的不理想而着急，是啊，孩子将来的竞争环境会越来越残酷，而较好的学业可以使孩子在这种人生的竞争中处于比较有利的位置，孩子成绩不好家长怎么能不着急呢？但是，除了个别天资特别优异的孩子，大多数孩子学习成绩的提高都要靠自己的努力，靠正确的学习方法的运用，靠老师、家长的正确指导。反过来讲，只要家长对待孩子学习成绩的态度和指导孩子学习的方法正确，多数孩子都能成为学习优秀的孩子，而孩子的年龄越小，家长的这种指导就越重要。

赵女士拿到儿子亮亮的期末考试成绩单，禁不住又唠叨起来："数学 89 分，语文才 82 分，你是怎么搞的，成绩老是在 80 多分里打转转，我估计你这个成绩在班里连前 20 名都进不了。你看姑姑家的胡鸣，次次考双百，你也给妈妈争口气好不好？"

亮亮低着头，一言不发。

赵女士平常很要强，自然也希望儿子亮亮学习成绩高人一筹，为此她在亮亮的学习上花了很多心思：放学后让孩子不停地做作业、听英语磁带、背古诗，做作业时坐在旁边督促和指导，周末请家教等，但亮亮几次考试的成绩仍不理想，甚至有时不升反降。时间一长，弄得亮亮每次考试之前都异常紧张，生怕考不好惹妈妈不高兴。

其实亮亮是个比较听话的孩子，很想考个好成绩让妈妈高兴，每次作业也都按时完成，问题到底出在哪儿呢？赵女士有时不免心里犯嘀咕，难道自己的孩子真的比别人笨？

后来通过与老师交谈赵女士发现，亮亮虽然在家里看起来很"用功"，但在课堂上要么睡觉、要么自己在玩，虽然作业每次在家长的指导下完了，但知识掌握得不扎实。赵女士这才醒悟到，也许孩子成绩的不理想恰恰是自己这一环出了问题。

这里关键问题是，家长要找准孩子成绩不理想的症结，不要一味地看孩子考试的成绩，而应注重孩子对知识的掌握。了解孩子对于学校里学到的课本知识，该理解的理解了没有？该记住的记牢了没有？及时地与老师沟通，发现孩子的薄弱环节并重点强化，孩子的成绩就会稳步提高。

有专家做过这样的实验：让两个小学生阅读同一篇文章，收看同样的电视节目，但安排方式不同：让一个孩子先用心读文章，然后再专心看电视节目；另外一个孩子一边读文章一边看电视节目。结果发现前者能够完整复述出所读的文章内容和所看的电视节目；后者却不能复述文章内容，对电视节目内容也不十分清楚。由此可见，在学习记忆的时候，应尽力排除有干扰的事情。作为父母都希望自己的孩子能得到高分数，那么，就要为孩子的学习创造一个良好的内部和外部环境，无论是外界的干扰还是来自心理的干扰都将妨碍孩子的成绩。如果父母能够了解影响孩子成绩的因素，了解孩子成绩不理想的原因，就可以采用一些恰当的、有针对性的方法，帮助孩子提高成绩。那么，影响孩子学习成绩的因素主要有哪些呢？

第一个因素是来自孩子的心理压力。有的孩子成绩不好，不是因为头脑笨，而是因为父母给了他太大的压力。现实生活中，成年人和孩子都承受着不同的压力。成年人的压力多数来自自己的要求，孩子的压力大多是来自父母。当孩子面临考试时，更会感觉到压力重重，他们担心如果考不出好成绩的话，会让父母很失望。有些父母平时对孩子的学习表现得过分紧张，这种紧张的情绪会在无形中传染给孩子。孩子担心考不好，将会被父母责骂，所以，自身的压力也就越大，甚至有时还超出了自己的承受范围，有些不知所措了。有许多的家长当孩子的成绩达不到他们的要求以后，就在孩子的面前表现出生气、失望的情绪，这样就给孩子带来了很大的心理压力。孩子的学习成绩不好，自己会伤心，甚至灰心，会怀疑自己的能力，认为"我不行"。这种自卑心理越强，学习成绩就越难提高上去了。因此，父母应多给孩子鼓励，让孩子相信自己的能力，以减轻孩子的心理压力，增强他们的自信心，使孩子能够更好地学习。

第二点因素是要有正确的学习方法。好多孩子学习起来特别认真，学习成绩却不好，这种情况，很多时候是因为孩子没有掌握较好的学习方法。父母应多与老师沟通，了解孩子在校的学习情况，并且请老师给出针对学习方面的建议，与孩子一起总结最适合的学习方法。同时，要了解孩子的学习基本情况。如果孩子是因为害怕考试而无法在考场上正常发挥自己的水平，就要多鼓励孩子相信自己，帮助孩子以一种轻松的心态去面对考试。要让孩子制定适合自己的学习计划。学习计划可以帮助孩子克服惰性和倦怠。学习计划表可以确保孩子不会浪费时间，做其他该做的事。如果孩子能按部就班地按照学习计划去进行学习，那么学习便不会成为一种很大的压力。学习计划表可以使孩子了解自己的学习进度，让孩子清楚地知道哪些事等着做，还可以帮助孩子对自己以前的学习情况做出评价。养成良好的记忆习惯也很重要。记忆力提高了，分析能力上去了，成绩自然会好。科学研究表明，人的大脑有 4 个最佳时段，第一阶段是早上起床以后；第二阶段是上午 8 点 ~10 点；第三个时段是下午 6 点 ~8 点；第四个时段是晚上入睡前的 1 个小时。父母可以掌握这些记忆上的特点和规律，教孩子运用恰当的方法，有效地提高其记忆力。每次复习时，在达到能完全记清楚内容时，可以再投入50％的时间去巩固它。经过这样几次复习以后，对它的记忆就会牢固了。单调的记忆方式使学习效率低，易使孩子产生消极的情绪，导致心理上的疲劳。运用多样化的记忆方法，如朗读、动笔摘抄、默写、听录音、向孩子提问题、跟同学讨论等，效果将会很好。使孩子养成良好的记忆习惯，调整良好的心理状态，不要一边学习一边看电视，一心二用效果总是很差的，要一心一意做事情。大脑也有疲倦的时候，该休息的时候，就要让大脑得到好好的休息，要有良好的作息习惯，并且补充足够的营养。

第三点是孩子的兴趣与爱好。有关专家经过研究发现，一个人记忆效果的好坏，与其当时的心理状态有很大的关系。兴趣是最好的老师，只要能激发孩子的兴趣，记忆效果就会更好。厌学不如乐学，如果孩子对学习不感兴趣，成绩当然不会理想。因此，父母要培养孩子对学习的兴趣，让孩子在学习中发现乐趣，树立自信心。

家长重视孩子的考试分数是可以理解的，因为分数毕竟是学习状况的一种重要反映。但在孩子的成长中，高分数、好成绩并不代表一切。学习，要靠自觉，家长不能一味地把自己的爱好和理想强加到孩子的身上，孩子有自己的优势，有自己擅长的学科，要注意发展其特长。

附：爸爸妈妈跟孩子签订的成绩提高合同

甲方：爸爸妈妈

乙方：

甲乙双方都认识到，乙方的学习问题不仅仅是乙方一个人的事，而是甲乙双方的事情，乙方成绩不理想，甲方也有责任，因此，甲乙双方决心一起努力改变自己，并签订协议如下：

①甲方向乙方确认，不管乙方的学习成绩好与坏，乙方都是爸爸妈妈喜

欢的好孩子。但如果乙方的成绩能够提高一点点，爸爸妈妈会为他感到自豪的。

②乙方保证在课堂上不再睡觉、做小动作，而是认真听老师讲课。甲方确认，如果老师反映乙方课堂上的表现有了改进，甲方会给乙方买一个他喜欢的玩具，如能坚持下去，甲方还会给予另外的奖励。

③乙方做作业时，甲方不再坐在身边不停地询问，而是乙方遇到不明白的问题时，主动向甲方请教，甲方应耐心地讲解。

④甲方每天用半小时的时间检查乙方对当天老师所讲内容的掌握情况，对掌握不太理想的地方指导乙方重点加强一下。除此之外甲方不再强迫乙方增加额外的学习时间。

⑤甲方承诺不再过分看重分数，从而给乙方施加过大的压力，尤其在考试前和考试后，甲方不再总是为成绩的事唠唠叨叨。

⑥周末时甲方不再额外地安排乙方的学习时间，但在考试之前，乙方应适当增加一点学习时间温习功课。

⑦甲方会及时与老师沟通，对于乙方学习中出现的问题，甲乙双方共同努力解决好。

⑧本合同自甲乙双方签字后生效执行。

甲方（签字）　　　　　　　　　　　乙方（签字）

　年　月　日　　　　　　　　　　　　年　月　日

合同执行要点：

①要对孩子取得的成绩有正确的认识，要看到其中蕴含着孩子的努力，这样就会觉得来之不易，而不是采取消极的态度进行贬低和打击自己的孩子。

②要让孩子始终相信自己，坏成绩只是暂时的，不是一成不变的，只要

平时比别的同学多花一点时间在学习上面，遇到问题，和父母多沟通，多听听同学、师长的见解，对自己的学习会很有帮助。

③家长指导孩子提高学习成绩有一个总的原则：不加规范和指导地任其发展不行，因为孩子对学习方法并没有一个理性的认识，只是在被动地接受，家长的引导可使其少走弯路；另外过多的规范和干涉也不行，要信任孩子，调动他学习的积极性、主动性。

5. 培养孩子动手能力地做事合同

教育家陶行知有句浅显易懂的话，蕴含着十分深刻的哲理，"人有两件宝，双手和大脑，双手能做工，大脑能思考。"家长们应该认识到这样一个道理：学习能力比学习成绩更重要，尤其是在孩子上幼儿园和小学阶段，考试成绩排第五名还是第十五名并不重要，重要的是他是否拥有了学习的能力，有了这种能力的孩子无论在什么样的学校、身处什么样的环境都能学有所成，也会给中学、大学阶段的学习打好基础。动手能力和喜欢动手的习惯就是学习能力中重要的一环，而这一环被许多家长忽略了。

高女士有一个女儿巧巧，今年 8 岁，已经读二年级了。高女士当年高中毕业后因成绩不理想，当了一名公交车售票员，后来通过刻苦自学会计专业，取得了大专文凭和会计师证书，才有机会调到现在的单位。自身的经历让她下决心抓好女儿的教育，不能让巧巧像自己一样在求学阶段落在人后，从而给以后的人生增加奋斗的难度。所以，除了学习之外，需要动手去做的事情她基本不让女儿伸手。但是有一件事的发生让高女士受到了震动。

巧巧跟同学们一起参加市电视台一个少儿节日，在做一个十分简单的手工时，巧巧没有做下来。看着电视上巧巧一幅不知所措的样子，高女士感觉很尴尬。后来巧巧的老师也反映，巧巧的动手能力太差，如不加强，会影响她以后的学习。

但是巧巧不喜欢动手的习惯已经养成，高女士采取的一些措施很难奏效，为此她很着急。

这一天，高女士在办公室聊起这事，同事老张一听直拍大腿："哎呀高姐，有巧巧这样的孩子你就烧高香吧，我们家的那个捣蛋鬼才真让人头疼呢。"

原来老张的儿子虎子今年6岁，正上幼儿园。虎子的性格十分好动，更要命的是他的手始终闲不住，无论走到哪里都这里捅一捅，那里拍一拍，好奇的东西就拆开来倒腾一番。老张家里的电视机、电脑、DVD以及他自己的玩具都是坏了修、修了坏，可他对学习识字这样的事情却一点不感兴趣。

在这里，巧巧的过于不好动手和虎子的过于喜欢动手，在习惯上都有其积极的一面和需要矫正的一面。就巧巧来说，她属于好静一类的性格，加强思考能力、提高学习成绩固然适合她的个性，也有利于她的成材，但如果动手能力过差，则会制约她的成长。就虎子来说，喜欢动手并不是坏事，因为就人才的类型来说，有的人偏长于书本知识的学习，有的人偏向于动手能力，虎子也许属于后者，关键是要积极引导，不能乱动手，同时书本知识的学习也不能放松。

科学证明，动手能提高孩子的想象力、创造力，进而提高孩子的智力。很多好动的孩子虽然不安分但是很聪明，经常动手做一些小东西，孩子的创造力和想象力会特别丰富，所以试着让孩子动动手，培养孩子的动手能力是父母的明智之举。创新素质是一个人各种素质中的关键因素，是成功素质的核心。一个人创新素质高低不仅体现出他的智力水平高低，还与个人的非智力因素，尤其是个性品质密切相关。喜欢动手去做且具有高创造能力的孩子自信、乐观、执着、顽强、坚忍不拔，这种坚强的性格、坚定的意志品质是成功的根本保证。

1997 年诺贝尔物理学奖得主朱棣文教授认为："中国的学生学习很刻苦，书本成绩很好，但是动手能力差，创新精神明显不足。"传统的教育方式，只注重动脑能力的培养，不注重动手能力的锻炼。当前素质教育要求：变单纯的灌输知识为学习知识的同时，培养学生的创新精神和实践能力。

孩子动手能力差，主要原因有：①父母担心孩子小不会做事，或怕孩子损坏东西，怕他出事，许多事不让孩子自己动手去做，而由自己包办，所以，孩子失去了动手的机会。②家庭装饰摆设成人化，没有孩子动手的小天地。孩子进了家门，这不许动，那不许碰，玩具不能自由拿放，孩子可活动的空间太小。③孩子动手材料少。爸爸妈妈花钱买的玩具，外表虽美观，但大多数是机械或电动的，不能拆拼，孩子缺乏动手材料。

灵巧的手是一个人大脑发育良好的标志之一。在大脑中支配手部动作的神经细胞有 20 万个，而负责躯干的神经细胞却只有 5 万个，可见大脑发育对手灵巧的重要性，而手动作的灵敏又会反过来促进大脑各个区域的发育。这就是人们常说的说"心灵手巧"。

要培养孩子的动手能力，首要条件是从"趣"字入手，只有孩子在情感上进入了，才有可能具有主动性。培养孩子的动手能力，家长应积极开展多种形式的亲子活动，使孩子所学的知识、技能重新组合加工，进行新的设想、创作。模仿是创新的基础，创新是模仿的新发展。通过各种活动，启发孩子的创造精神。想方设法让孩子通过各种活动，促使他们"动口、动眼、动脑、动手"去发现问题，解决问题，以此来启发孩子的创造性思维，培养创造能力。

附：爸爸妈妈跟孩子签订的动手合同

甲方：爸爸妈妈

乙方：

对于乙方来说是，学习书本知识与培养动手能力同样重要，应该互相促进，不可偏废，为此，双方签订如下协议：

①对于乙方感兴趣的事情，甲方应该以鼓励的态度积极指导，乙方则既要主动动手，又不能不按要求乱动手。

②对于课本上或老师安排的动手作业，甲方乙方都要积极参与、共同完成，双方都不能以任何借口拒绝。

③甲方指导乙方根据电视、书本上的说明，进行手工制作玩具。

④甲方负责从各种杂志、书籍中选择一些游戏活动，乙方应积极动手参加。

⑤甲方负责在家中常备一些画板、颜料、陶土、纸板、胶水之类的材料，方便乙方自主动手制作一些物品。

⑥乙方要自己动手把自己所有的东西干净、整齐地收拾好。

⑦乙方自己选择一样最喜欢做的家务，长期负责地做下去。

⑧乙方在动手过程发生错误，甲方不得发脾气。

⑨本合同自双方签字后生效执行。

甲方（签字）　　　　　　　　　　　乙方（签字）

　年　月　日　　　　　　　　　　　年　月　日

合同执行要点：

①多动手勤练习。让孩子在参与的过程中，千方百计翻书查资料，设计出最好、最合理的，甚至找到连家长都想不到的简单易行的好办法。不要对孩子严厉管束，更不能打骂孩子，要让孩子有自由想象与拼装东西的空间，

并让他获得成功的感觉。

②生活中的动手能力。在不影响孩子探索和保证孩子安全的前提下，在孩子的生活环境中，设置一些适合孩子动手的物件，增强孩子动手的信心和探索事物的勇气。

③鼓励孩子与父母共同参与游戏活动。在孩子讲话时家长要认真听并提出问题，显示出极大的兴趣。在游戏过程中，鼓励孩子要积极动手，可以让孩子把做东西的感觉用语言准确地表达出来。

④父母可以与孩子围绕一个题目编游戏，要注意根据孩子的兴趣、特点选择游戏，探索它的内容，比如，用放大镜、收藏箱、分类盒为主题。

⑤教孩子生活独立。鼓励孩子自己洗手、洗脸、刷牙；家中的一些家务活，如包饺子、择菜等，可让孩子动手和父母一起做。很多孩子能在选择物品时做出正确的决定，尽量让孩子选择那些有助于开发他动手能力的物品，然后让孩子按自己的选择去做。

6. 锻炼孩子思维能力的用脑合同

"小孩子讲究什么思维能力？"持这一想法的家长可能没有意识到，较强的思维能力正是通过小时候的锻炼得来的，一个从小就习惯于遇问题不求甚解的孩子，你还能指望他长大后有深入思考的能力吗？

郝友的依赖性比较强，他做事经常问爸爸妈妈自己该怎么做，做作业时，遇到一时不懂的问题想都不想一下就去向妈妈爸爸请求为他讲解。

有一天，郝友的爸爸骑自行车带着他去郊外玩。在路上有一架飞机刚好飞过头顶。郝友的爸爸说："儿子，你看，飞机尾巴后面长长的一条是什么呀？"郝友往天上一看，果然有一条长长的白线，他迫不及待地问爸爸："爸爸，快告诉我，那是什么呢？"

爸爸说："你要自己先想一想，为什么飞机飞过会有那么笔直的一条线呢？自己动脑之后，想不出来时，才能去问别人啊。"

后来老师也向郝友的爸爸反映，郝友遇到问题总是先问别人、问老师，而不是先认真地看看题目、动动脑筋，这个毛病如不能纠正，会影响他的学习和成长。

郝友的爸爸也认识到了问题的严重性，但苦于不知从何入手。

其实，在这个问题上家长需要做的只是适当的引导，孩子喜欢问说明他好奇心强，只要把这种好奇心往深处做一点引导，他就会发现通过自己的思考得出结论的乐趣，就会逐渐养成喜欢动脑的习惯。

孩子思维的发展是由具体向抽象发展。适当的教育与训练，不仅可以促进其思维的发展，还可以培养良好的思维品质，如思维的深刻性、灵活性和创造性等等，从而提高孩子的思维能力。家长要主动提出一些孩子能回答的问题，引导他去思考，锻炼孩子的思考力。在家庭生活中，锻炼孩子思考力的机会是很多的，只要家长在这方面做有心人，善于引导儿童去思考就会获得丰收。

随着孩子年龄的增长，他们有了较多的感性知识和生活经验，语言发展也达到较高水平，为思维发展提供了工具。父母要引导孩子遇到问题如何通过分析、综合、比较和概括，作出逻辑的判断、推理来解决。教孩子掌握正确的思维方法，一旦他们掌握了正确的思维方法，就像插上了思维发展的翅膀一样，抽象思维能力就能得到迅速的发展和提高。

培养孩子的思维能力要让他们养成勤于思考的好习惯，遇事不能先问别人的看法，先要好好分析一下过程和原因，自己想出办法来之后，再看看别人的意见，看看自己的思维能力和别人的有何不同，然后再总结一下。告诉孩子不要太在乎别人的否定意见，培养孩子科学用脑的习惯，对学好各门功课有至关重要的作用。父母应要求孩子独立完成作业，不可抄袭，使孩子养成勤思、勤问，先思后问的习惯。

创造精神是独立思考的一个重要组成部分。瑞士著名的教育心理学家皮亚杰曾说过："教育的主要目的是培养能创新的而不是简单重复前人已做过的事的人。"不要怕孩子提出一些刁钻古怪的问题，要尊重他们不同寻常的提问、想法，这些问题背后有可能蕴含着深刻的道理。要尽量引导孩子突破定势的约束，推陈出新，不落俗套。如果父母一味地用狭窄的标准来约束和衡量孩子，必将扼杀多样化的思维，从而也扼杀了孩子的创造力。人的创造才能不是天生的，而是后天习得的。没有人一出生就是创造者，他们只是喜欢思考。任何新的理论刚提出时，都可能被人们嘲笑，提出者都可能被人们骂作是精神残疾，他们的成功都归功于善于独立思考，敢于坚持自己的观点，敢于向权威挑战。

敢于提问的人才是勇敢者。事事留心皆学问，要孩子留心身边的现象，发现平凡中的新奇，也是追求成功所必须养成的一种习惯，对于孩子来说，它可以通过培养而形成。观察者要做有心人，要有意识地观察某种事物，要带着问题去观察。这样的观察，收获大、印象深。

附：爸爸妈妈跟孩子签订的用脑合同

甲方：爸爸妈妈

乙方：

甲方要求乙方遇到问题学会主动思考，想明白了再说；乙方决心改变自己不经思考就乱问问题的习惯，为此双方协议如下：

①乙方遇到任何问题先不说话，停顿一分钟进行思考，真的想不明白时

再问别人；问别人问题时也要找出问题中的关键之处。

②在家里，甲方要就家里的事情征求乙方的意见，并引导乙方认真思考，争取以自己的观点说服甲方，而甲方对乙方的努力要给予鼓励，对乙方正确的观点要采纳。

③在家庭教育中，甲方要积极引导乙方学习不能只靠死记硬背，要尽量与乙方一起做一些思考题，从中引导乙方考虑问题尽量深入。

④对于乙方特别感兴趣的事物、话题等，甲方要鼓励他往深处思考一下，不能仅仅停留在"喜欢"上，还要弄明白其中的根由等。当乙方因探究问题而造成一些麻烦时（比如拆解玩具、钟表等），甲方不应过分追究。

⑤一家人外出见到一些人和事，要多让乙方发表意见，当乙方说出经过思考得出的结论时，无论对错，甲方都应给予鼓励。

⑥甲方要多与乙方一起做一些开发智力、锻炼思维能力的小游戏，如猜谜语、填字等。

⑦甲方每晚给乙方读一个故事，并就故事中的内容向乙方提出问题，答得好就奖励。

⑧如果一个月之内乙方在主动思考方面有了进步，甲方要给予物质上的奖励。

⑨本协议自双方签字后生效执行。

甲方（签字）   乙方（签字）

　年　月　日   　年　月　日

合同执行要点：

①年龄小的孩子遇到疑难问题，总希望家长给他答案。高明的父母，面对孩子的问题，只是告诉孩子寻找答案的方法，也就是启发孩子，一个问题应该怎样去想、去分析，怎样运用自己学过的知识和经验，以及运用工具书

等。当孩子自己得出答案时，他会充满成就感，思维能力提高而且产生新的动力。

②经常面对问题，大脑就活动积极，问题是思维的引子。遇到父母也弄不懂的问题，通过请教他人、查阅资料、反复思考获得圆满答案，这个过程最能提高孩子的思维能力。父母也应放下架子，向孩子虚心请教一些自己不懂的问题，这些做法，对发展孩子思维是极有好处的。

③与孩子分享做事的快乐能够使孩子经常处于良好的情绪中，增加他的做事热情和积极性。这种情绪将使孩子做事更具有激情，从而学会思考。父母要平衡自己的权威和孩子自主之间的关系，还要多鼓励孩子的探究行为，不能孩子做的事情一旦不符合大人的意愿就遭到阻止。

第八章

培养孩子待人接物与日常生活习惯的合同

我们都喜欢待人彬彬有礼生活中井然有序的孩子，相反，那些分不出长幼尊卑，书包、衣服、玩具总是乱成一团的孩子总会让你皱起眉头。但这并非孩子的错，一定是家长的教育理念和方式出了问题。跟孩子签一份合同试试，也许会让孩子在待人接物以及日常生活的诸多习惯都能有所改观。

1. 纠正孩子不良习惯的日常生活合同

好习惯能够成就一个人，坏习惯则会毁了一个人。家长如果回顾一下自己的成长之路就会发现，你的事业或家庭生活中的成功经验与失败教训，往往与日常生活中的小习惯有密切的关系。纠正孩子的一个不良习惯，就会给孩子未来的成功消除了一种隐患，积累了一分积极的因素。

张圆圆的妈妈很奇怪，女儿刚读一年级，怎么总是有做不完的功课。后来，她经过仔细观察发现，张圆圆每次不是在那里削铅笔，就是对着天花板发呆，或者是摆弄尺子，几分钟过去了，她也没碰过一下书。张圆圆的妈妈开始反思：问题出在哪里？孩子一定以为她自己整个晚上都在做功课，却没有意识到其实是在浪费时间。怎么才能帮助圆圆改掉拖沓的坏习惯，这成了妈妈头疼的问题。

后来，她和邻居王女士交流，她也是圆圆同学陈晶的母亲。听到她说，自己的女儿身上也存在这种问题。圆圆的妈妈这才意识到，做事注意力不集中、拖沓、小动作多，是一般孩子的通病，进而她想到，不光是这些，孩子的身上还有不少的小毛病，比如做事没有条理，自己的书包里总是乱七八糟，以及粗心、没有节俭意识、喜欢吃零食而不好好吃饭等等。这些小毛病如果不及时纠正，一旦成为她的生活习惯，对她未来的生活会产生很不好的影响。

其实，孩子身上存在一些小的不良习惯是正常的，但家长漠视这些坏习惯的存在则是不正常的甚至危险的。

父母若想让孩子改掉一些坏习惯，首先应注意不要对孩子给予过分的关注。比如，在吃的方面，父母不要在孩子的口味上总是加入太多自己的喜好，而且唠叨着让孩子"应该吃什么"、"多吃什么"、"快点吃"之类。这些都将影响孩子的思维和选择，制约他们的味觉和嗅觉神经感受，因此孩子不能体味食物的美感。长此以往，孩子会慢慢地以厌食对抗父母的关注。父母最好的态度是，一贯地采取合理提供用餐内容、用餐时间、给孩子表现出愉快而津津有味的吃饭的榜样，还要提供给孩子判断和选择的机会。孩子之所以拖沓、依赖、无助，主要由于父母完全代替了孩子的思考和判断，没有开始培养他们从小就该具有的责任能力。孩子的责任感，就是要在与他们有关系的事情上，让他们具有尽情、自由地发言的机会，并让他们学会自己选择。父母要合理满足孩子的要求、合理规范孩子的行为、一贯坚定地执行规范。在孩子的行为上，哪些是可被接受的，哪些是不可被接受的，孩子需要一个明确的界限。

父母不过多地为孩子做主的同时，也应把握放手的尺度。有一项调查表明：我国有 31% 的小学生不愿吃早餐，有 37% 的小朋友经常喝碳酸饮料。大部分小朋友不愿吃芹菜、胡萝卜、白菜、土豆、海带、豆腐等营养丰富的食物。而这些食物是很健脑的。碳酸饮料喝多了，会使钙质流失，不仅造成龋齿，而且对脑部会有不良的影响，使人注意力变得散漫，性格极度敏感，易发脾气，将引起情绪不安，最终导致身体素质较差，学习成绩不理想。有的孩子偏食很严重，只喜欢吃某一类食物。为了孩子的健康，父母一定要让孩子吃富含各类营养的食物，不偏食。豆制品、奶类、蛋、鱼虾、瘦肉富含维生素，蔬菜、水果富含维生素和钙等无机盐的等。

无论是拖沓没有时间观念，还是偏食，都是孩子的不良习惯。父母一定要让孩子懂得：良好习惯都是通过做好细节的小事而养成的。好的习惯能够提高人的素质，改变人的一生。做父母的要了解孩子的行为问题、孩子正常的活动方式。孩子吃饭时哼着歌或敲打着碗，而不是专心致志，就要帮助他改正。要用心设计训练孩子养成良好日常习惯的计划，帮助他控制自己的惰性和欲望。父母不仅要要求孩子，而且自己也要参与，至少在孩子面前应该表现得富有自制力，珍惜时间，充满责任心。

附：爸爸妈妈与孩子签订的养成好习惯合同

甲方：爸爸妈妈

乙方：

乙方知道，要想实现自己的大理想，就必须纠正自己生活中的一些不好的小习惯，因此，愿意在甲方的指导下改正自己，让自己做一个更优秀的孩子，在这方面，甲乙双方达成如下协议：

①乙方愿意养成注意力集中的习惯。做作业或是做其他事情时，就努力

把这一件事做完做好，而不是三心二意，或者做一些小动作，吃饭时不能边吃边玩或者边吃边看电视。

②乙方愿意养成按时吃饭、少吃零食的习惯。零食里会含有添加剂，吃多了对身体不好，乙方在想吃零食时，要听从爸爸妈妈的劝告，忍住吃零食的欲望，尽量在吃饭时多吃一些。

③乙方愿意养成做事有条理的习惯。自己的玩具玩过后要整理好，书包里的书和学习用品按次序放好，放学后先把作业写完再去干其他的事情。

④乙方愿意养成有规律作息的习惯。晚上睡觉时间到了，就要上床睡觉，早上该起床了也要按时起床。

⑤乙方愿意养成节约的习惯。平常注意随手关灯、关电视，没吃完的食物要保存好，下次再吃，懂得爱护爸爸妈妈给自己买的新衣服、玩具等。

⑥乙方愿意养成做事细心的习惯。在家里也好、学校也好，做事情不能粗心大意、丢三落四，自己的东西自己保管好，爸爸妈妈、老师有什么要求要用心记住。

⑦甲方愿意帮助乙方纠正这些小毛病，同时注意不能态度粗暴，而应该采取温和的方式，在乙方有了进步后，甲方要给予适当的奖励。

⑧乙方有权指出甲方的坏习惯，并在乙方的监督下改正。

⑨本合同自甲乙双方签字之日起生效执行。

甲方（签字）   乙方（签字）

  年　月　日   年　月　日

合同执行要点：

①签订协议之前，要尽量让孩子明白某些不好的习惯对他实现自己的理想是十分有害的，从而让他内心里产生改正这些习惯的愿望和动力。这是合同能否有效的关键。

②既可以针对孩子多个方面的问题签订一份全面的协议，也可以就孩子表现突出的问题制定一份专门的协议。

③如果孩子的行为是与爸爸妈妈自身的行为有关，父母就要从自身找问题了。比如，有的家长平时喜欢边吃饭边看电视或书报，有的家长也会因疲倦或懒惰做事拖时间，这些行为潜移默化地影响着孩子，非常容易使孩子养成注意力不集中、办事拖沓等不良习惯。因此，家长不妨先自我检查，为孩子做个榜样。

④帮助孩子制定一个作息时间表。帮助孩子在计划中度过一天的时间，可以把周末的两天休息认真规划一下，如果见效就可以修改、延长，一周下来就可以制定一份比较规范的作息时间表了。让孩子严格按照作息时间表来安排自己的生活，不要因为不良的习惯破坏了计划。让孩子每天晚上睡觉前，对照时间表检查一下，看他是否按照计划完成了所有的事情，如果完成得不好，父母要陪同孩子一起查找原因，对未完成的事情，及时制定补救措施，帮助他做好，下次注意，这样他第二天就会做得更好。

2. 让孩子养成自我保护意识的防范合同

孩子是最容易受到伤害的群体，在儿童被拐卖、受到性侵犯的案件屡见不鲜的情况下，家长们在对孩子的保护方面切不可粗心大意、存在侥幸心理。当然，父母不可能时时刻刻陪在孩子身边，保护孩子最有效的办法是提高孩子的自我保护意识，让他养成碰到事情首先要自我保护的习惯。

一个晴朗的星期天，陈洋洋的爸爸妈妈不顾冬天的寒冷，像每一个周末一样，去看望同城住着的洋洋的爷爷奶奶。十岁的洋洋快考试了，最近的作业比较多，所以，妈妈这次没有带着他一同前往。洋洋特地一大早给爷爷奶奶打了个电话，问候了他们。

陈洋洋的爸爸妈妈因为有些不放心留他一个人在家，快到中午时便回来了。可是推开门却发现洋洋并不在家，夫妻两人一下子没了主意。正在着急时，见儿子从门外跑进来，手里提着个小箱子。这时吓得一身冷汗的妈妈，又生气又奇怪地问道："你在干什么呀？爸爸不是嘱咐你不要出家门的吗？"

洋洋指了指手上的箱子："是爸爸单位的丁叔叔开车来了，他顺路给咱们家送了点特产，打电话时我说你们都不在，他说不好停车，所以我就跑下楼去拿的。"

听洋洋这么一说，爸爸妈妈才松了一口气。但同时，他们也意识到孩子单独一个人在家时，是多么不安全。在以后的日子里，爸爸妈妈时刻注意提醒洋洋如何保护自己，如何树立必要的防范意识。

有调查显示：少年儿童的自我保护意识和能力较差。相关部门曾作过这样一次试验：以若干名小学生为调查对象，当家里只有他们一人在家时进行敲门试验，通过多种借口，比如查煤气表、检查水管、修理电器、推销商品等，都无一例外地敲开了这些孩子的家门。少儿的自警意识之差由此可见一斑。而更使人担忧的是，校内安全、校外活动安全、卫生防疫、饮食安全、交通安全、自然灾害防范等安全教育仍然很薄弱，中小学生缺乏安全意识是普遍存在的现象。虽然家长们都很担心孩子的安全，但是，很少有家长有意识地对孩子进行过自我保护和自救方面的教育。有些家长自己都没有防护和自救这方面的意识，有的甚至还起错误的"示范"作用。

懂得自我保护的技能是孩子生存能力提升的一个重要标志。来看下面的一组数据：

据中国疾病预防控制中心与公安部开展的"中国儿童步行安全状况调

研"报告显示，2004 年共有 7078 名中国儿童被道路交通伤害夺去了生命，有 28017 名儿童在道路交通伤害中受伤，这是多么令人焦虑的数字。

据有关部门统计，我国中小学生每年意外伤害事故，死亡人数在万人以上，平均每天都有一个班的孩子因意外伤害事故丧失生命。这是惊人的事实。

近年来，云南警方调动了上万名警力，花费了 600 多万元，全力寻找 200 多名丢失的孩子。

2004 年 8 月，福建警方历时两年多，解救了 44 名被拐卖的婴儿，而这次寻亲行动动用了上百名警力，耗资近 500 万元。

孩子丢了，意味着父母从此无心工作。被拐卖当然是比较极端的例子，而孩子在现实生活中总是可能受到不同程度的欺骗和伤害，因此对受过欺骗和伤害的孩子的心理疏导也是一个重要的问题。

为了从根本上解决这一问题，父母一定要教育孩子树立自我保护的意识。解决孩子安全问题，首要的是要确保孩子的人身安全。在这方面，作为父母要协同社会一起，为孩子的成长塑造健康、安全的环境而努力。

在这个信息爆炸、科技发展的时代背景下，网络的普及对于缺少判断力的儿童来说所带来的负面影响也不容置疑。为此，应该对孩子安全问题有一个全新的认识，在注重孩子生理安全的同时，也不要忽视精神伤害这一隐性因素的作用，努力做到真正全面地关怀孩子的成长和安全。另外，绝大多数学生伤害事故的发生都与学生之间的打闹玩耍有关，而中小学生对自己行为及其后果的识控能力较差，对玩耍的分寸也缺乏一定的把握能力，因此家长和教师都有责任告知这些未成年人娱乐玩耍要有度，以避免那些不该发生的伤害事故给孩子的学习和生活带来不必要的影响。

附：爸爸妈妈跟孩子签订的自我保护合同

甲方：爸爸妈妈

乙方：

乙方应该认识到，社会上好人多，但也有一些坏人，有的坏人还专门打小孩的主意，因此，乙方愿意增强自我保护意识。甲乙双方就这个问题签订如下协议：

①乙方一人在家时，一定会关好门窗。如果有人敲门，要从猫眼看清来客是否认识，只有认识他才会开门；如果是陌生人，就不开门；不告诉陌生人任何事情，可以说大人正忙，请他下次再来；如果陌生人还不离开，就打电话给邻居或打110报警。

②如果在逛街或游园时，与爸爸妈妈走散了，乙方会马上到广播室或者找警察叔叔，不听信陌生人的话，更不会跟随他去找爸爸妈妈。

③不喝陌生人给的饮料、糖果以及其他食物，不到荒凉或偏僻的地方玩耍。

④乙方会记住自己的家庭地址以及爸爸妈妈的工作单位、电话号码，有事时及时和爸爸妈妈取得联系。

⑤在横过马路时，我一定会遵守交通规则，不闯红灯，走斑马线。不在道路上与同伴嬉笑、打闹。

⑥我保证除了看病的医生之外，不让任何人触摸自己的身体。

⑦在与同学玩耍时，乙方会把握好分寸与尺度。如果伙伴有过激行为，就及时回避，以免造成双方的伤害。

⑧乙方会跟爸爸妈妈学会使用电源开关、煤气阀，离开家时，要把水龙头关紧。自己不随便开煤气灶，不触摸电源和电器的金属部分，不玩明火。

⑨乙方单独外出时，向爸爸妈妈说明情况，说明去向和回来的时间。

⑩乙方会牢记一些特殊电话号码：110为盗警，119为火警，120为急救电话，必要时使用。

本协议自双方签字后生效执行。

甲方（签字）　　　　　　　　　　乙方（签字）
　年　月　日　　　　　　　　　　　年　月　日

合同执行要点：

①家长要有意识地创设危险情境，教会孩子自我保护的方法，提高孩子的自卫能力。比如，要教会孩子在公共场所走失后，应怎样求助，什么样的人才是可靠的求助者。教会孩子一人在家时，如有陌生人敲门该怎样应对。放学回家的路上，有陌生人要领自己"玩"该怎么办；还可经利用媒体中的相关材料教会孩子应付突发事件，如地震、火灾等。

②引导孩子找出身边容易出危险的地方，是非常有必要的。如户外活动时先把游戏的目的要求向孩子说明，然后让他们用眼睛观察周围的环境，看看哪里容易出危险，提高孩子对危险的预见性。再如，看到有孩子在教室里追逐打闹，马上组织孩子们讨论这样做的后果，然后让他们在教室再找找看还有哪些地方容易发生危险，用自制的危险标记做上记号。孩子参与了"找危险"的活动，印象深刻，自我保护意识便提高了。

③孩子对周围的世界是充满好奇的，他们并没有对危险的警觉性，所以，进行危险尝试也是必要的。家里烧开水，一直是让家长放心不下的地方，有的孩子喜欢趁父母不注意的时候去碰碰它，许多危险就因此而产生。因此，家长在打开水时就请孩子们先观察，开水热气腾腾和翻滚的情形让他们大吃一惊，然后再接了一杯水让他们轻轻地碰一下杯子，他们尝到了"烫"的感觉，知道了开水的危险，就再也不去碰它了。

④要让孩子明白，自我保护与以自我为中心的区别，使孩子在勇于、善于自我保护的同时，能够从小就勇敢而机智地承担起适当的社会责任。平时，可以向孩子提一些这类问题，然后一起讨论解决的方法。比如："如果在公交车上，你发现了一个贼正在偷别人的钱包，应该怎么办才能既维护了正义

又不使自己受到伤害？""如果有小朋友落水了，你又不会游泳，应该采取什么措施才能既救了朋友又保护了自己？"等等。

⑤父母应注意以身作则。比如家长在参与交通时，在进出的途中，骑摩托车应戴安全头盔、按规定载人、驾驶汽车应带好安全带。不乘坐没有安全座位的超员车、货车、拖拉机、"带病"车，过马路时严格遵守交通规则，红灯停、绿灯行，标志标线要看清；穿越公路左右看，不在路上跑，以及行走在道路上不违反交通法规等，使孩子对交通安全更加重视。

3. 培养孩子理财习惯的合同

一说到理财，很多人认为这是成年人的事，其实不然，理财观念恰恰需要从小培养，要让孩子早一点明白父母所给的每一块钱都来之不易，都应该花得明、花得值，从而养成理性消费的习惯。

强强的父母是公务员，家庭经济条件很好，强强在同学中俨然也是个"大款"，他的兜里经常揣着上百元钱，每月的零花钱总数至少在 500 元以上。强强经常中午请同学吃校门前的食品，从肉串到饮料，每次都能吃 20 元左右的东西，有时候请同学下饭店，甚至有一次强强的妈妈看到强强与两个小伙伴在路边大摇大摆地抽着烟。

强强的父母原来想，因为工作忙没时间管孩子，不能让孩子在生活上受到委屈，但随着强强索要零花钱越来越频繁，数额也越来越大，强强的父母认识到：强强对财富没有正确的观念，长此以往，怕强强会养成更多的坏毛病，变成一个纨绔子弟。但如果一下子断掉强强的零花钱，又怕强强一时难以接受，强强的父母在向一个研究家庭教育的朋友请教之后，和强强一起开了一次家庭会议。

会议是在晚饭之后开始的。强强的爸爸对强强说："强强，你最近各方面都表现不错，学习和生活上都不用爸爸妈妈操心，爸爸妈妈觉得你可以帮助爸爸妈妈管理家庭开支，你愿意吗？"

强强很高兴，说："好啊，我愿意。"

强强的妈妈说："你的责任很大啊，既要保证不出现赤字，又要记账清楚，还要分析各项支出是否必要，你能做到？"

强强自信满满地说："没问题。"

理财不仅是成年人的专利，也不是所谓"有钱人"的专利，孩子理财在西方有的小学已开设了专门的课程。学会理财，孩子就能珍视父母的付出，养成良好的消费习惯。中国自古就有富不过三代的说法，为什么？因为如果不会理财，再多的财富也会很容易花完的。

美联储主席格林斯潘曾在国会发言时指出，在早期教会学生一些个人理财方面的基本知识是非常重要的："我们要改善中小学的财经教育，帮助年轻人不至于作出错误的财务决定。"

"独立而拥有财富不应该是少数人的特权，它应该是每一位美国人的希望所在，它是实现希望的有效工具。"而在理财观尚不普及的中国，是不是也该在培养青少年理财观念方面前"走一步"？

孩子要学会生存，就是学会在市场经济社会中生存，对孩子进行金钱和消费教育的必要性，是不言而喻的，关键是教什么、怎么教，也即教育的科学性问题。

从孩子要零花钱时起，他们心中已渐渐存在金钱的观念了，父母应该为孩子有这样的想法而高兴，因为那是孩子长大的表现。父母应以平和的语气问孩子："你打算怎么支配这笔钱呢？"一则，了解一下孩子打算拿钱来做什么，孩子要拿钱买东西的时候，父母可以根据具体情况帮孩子合理使用金钱，在适当的时候还可以提出意见。再则，也暗示他要想想如何使用零花钱，不能随便花掉。在同意孩子管理自己的钱的同时，父母也要注意培养孩子正确的金钱观。父母应让孩子明白：钱是解决生活问题的一种媒介，它本身不能解决生活问题；花钱是为了满足自己的生活和学习需要，是为了增进进步，而不是满足不正当的欲望；钱是平常之物，没有神通广大的作用，不能解决所有问题；比如：钱不能换来爱，不能换来信任，不能换来尊重。

对此，教育专家指出，孩子越早接触钱，越早具备理财的观念，长大后也就越会赚钱，关键是家长如何教孩子花钱、理财。建议家长给孩子钱要有节制，同时教育孩子有计划地花钱，引导孩子控制自己的欲望，同时让孩子明白自己的钱花到哪里去了，而这些钱到底该不该花。

俗话说"不当家不知道柴米贵"。父母要多让孩子深入生活，了解生活，体验生活。从而知道更好的珍惜生活，珍惜劳动成果。这一点对于他们的成长必定会有深远的影响。需要家长注意的是：培养孩子理财能力时，不要只注重培养孩子的节俭意识，而要把节俭、消费、储蓄、投资、捐赠等观念结合起来，使孩子形成全面完善的财富观念。

有些父母常有意无意地渲染金钱的作用，如对孩子说，"亲我一下，给你一块钱"。有的甚至还宣传有钱就高贵，如对孩子说，"孩子，你看他多有钱，多让人羡慕"，结果使孩子认为只要有钱就会有高贵的社会地位，就能得到所有人的爱。结果这恰恰是把孩子引向对金钱的崇拜，而没有引向对自我能力、对个人的社会价值的追求。因此，父母还要让孩子明白：学会理财不仅仅是为了积累财富，既是对创造财富的劳动者的尊重，也是对用血汗辛苦赚钱的父母的尊敬。

家长培养孩子的理财能力，要做到以下几点：

①教孩子认识各种货币的价值及其使用；

②教孩子养成储蓄观念；

③教孩子合理使用自己的积蓄；

④在金钱的使用方面，教孩子乐于分享，体验捐献和助人的喜悦；

⑤教会孩子精打细算，不乱花钱，不浪费钱财；

⑥教孩子学会通过正当手段去获得一些收入；

⑦注意用自己的理财观念和消费行为来影响孩子。

附：爸爸妈妈跟孩子签订的家庭开支管理合同

甲方：爸爸妈妈

乙方：

我们家庭每月拿出2000元作为生活基金，现任命强强为家庭CFO，月薪200元（从生活基金中支取），负责管理家庭生活基金，记录和分析家庭各项开支，对该CFO的要求是：

①保证不挪用家庭生活基金，否则解除强强的CFO职务。

②用明细账记录家庭经济收支情况，账目中不能有混乱、不全或错误情况出现，有上述情况出现一处扣除CFO工资10%。

③分析家庭各项支出，并指出不必要的支出以及开源节流的方法，如果方法有效，节约金额的10%为CFO的奖金。

④如果家庭生活基金每月有剩余，储蓄起来作为寒暑假旅游基金，旅游基金暂存入1000元。

⑤CFO如果当月开支超出自己的月薪，超出部分可以从旅游基金中贷款，最高额度为100元，利率为1分/天，从下月工资中扣除本息。

⑥CFO如果当月开支不超出自己的月薪，剩余部分可以存入教育基金，家庭生活基金投资方（爸爸妈妈）也必须拿出相同金额的两倍存入教育基金，此教育基金在CFO 18岁之前只能存不能支取。

⑦除工资外，CFO 的其他收入（压岁钱、亲友赠送款项等）必须存入教育基金。

⑧此合同自签订之日起生效执行。

甲方（签字） 　　　　　　　　　　　　　乙方（签字）

　年　月　日 　　　　　　　　　　　　　　年　月　日

合同执行要点：

①"理财合同"是通过契约的形式，把父母需要达到制止孩子乱花钱、学会理财等教育目标转化为孩子的内在要求和自觉行动，从而增强了孩子的自我约束意识和自我管理能力。更为重要的是通过"合同"的制约，使孩子逐步树立自尊、自立和责任感，促进个性与理财能力的良好发展，并为他们长大独立理财"重合同守信义"打下基础。

②每个家庭的经济情况不一样，和孩子签订的理财合同也不相同，但关于有关理财的合同，如零花钱合同、压岁钱合同以及有关金钱的储蓄和借贷，父母应郑重其事地和孩子进行讨论，以期达到彼此满意的解决办法，并且要告诉孩子，合同一旦达成，他就必须遵守执行。也要让孩子明白，该合同是家庭生活中的一项制度、规矩，这并不是父母对他施加压力的一张王牌，也不会因父母的情绪好坏而随意违反。不要表面上签了合同，父母随意去做，那么合同实际上形同虚设，根本没起到作用。所以坚持合同的"严肃性"也是对父母的监督，父母仍要狠下心来，执行合同，决不违约，才能收到良好的效果。另外，合同内容不宜定得太死，要让孩子有自己安排的空间。还有就是要预防祖父母的干涉行为，我们称为"隔代亲子冲突"。既然父母和孩子有约在先，祖辈就不应干涉。偷偷塞钱给孩子，会使他们从小轻视规则，甚至养成不守信用的坏习惯。所以，家长们一定要先统一意见，再对孩子进行教育。

③在理财合同中，要兼顾以下几点：

1）记账观念。让孩子自己记录都买了些什么，花多少钱买的，一段时期后，帮助孩子判断哪些钱花得值，哪些钱不该花，从而引导孩子买自己真正所需的。

2）节俭观念。把孩子每月的日常开销记录下来，比如学费、饭费、文具费用等，和孩子商量压岁钱和零花钱可以支付哪一部分，并说明如果孩子自己能负担这部分费用，家庭负担能减轻很多，爸爸妈妈就轻松多了。

3）储蓄与消费观念。与孩子协商把压岁钱和一部分零花钱存起来，利用假期去旅游，增长知识，开阔眼界，或者在给孩子购买大件物品（如电脑）时，让孩子自己承担一部分费用。

4. 让孩子能够照顾自己的自立合同

如果我们问家长这样一个问题：你是希望孩子长大成人后能够独自应付生活、工作中遇到的各种问题、事业有成并能给家庭提供帮助呢，还是希望他（她）永远做自己这个笼子里的小鸟，离开自己的帮助便哪儿也飞不去呢？更多的家长会选择前者，但是，在日常生活中，你对孩子的教育、照顾方式是否能引导其向这一目标发展呢？

宁小远是家里的独生女，被父母亲视为掌上明珠。爸爸妈妈对她疼爱备至，常常是一家人围着她转，生活中，她的大事小情全部由父母亲代劳、包办，致使她什么也不会做，什么也不愿意做。时间久了，宁小远就习惯于让父母帮她做任何事。

这一天，妈妈为了庆祝她上了一年级后获得的小学阶段第一个双百成绩，准备带着她去游泳馆游泳。在路上，宁小远问妈妈："有没有给我带水呀？"

妈妈说："宝贝，带了，你喝吗？"她回答说："不喝。"

她又问道："玩具小鸭子带上了吗？"妈妈耐心地说："带上了。"

到了游泳馆，宁小远又问妈妈："我的水果您帮我带了吗？我想先吃个水果。"妈妈说："好，带了，带了。给你找。"妈妈一边说一边拿出来一个苹果。

宁小远却一脸的不高兴："我不想吃苹果，我要吃的是香蕉呀。"

妈妈说："妈妈只给你拿了苹果，不知道你想吃香蕉。先吃这个，回家再吃香蕉吧？"

宁不远不情愿地对妈妈喊道："不吃，你自己吃好了。"

接下来换衣服、套泳圈等自然也是妈妈代劳，妈妈无微不至地照顾，女儿则理所当然地接受照顾。

这是宁小远以及众多独生子女生活状况的一个缩影。许多家长只要孩子身体、学习好便万事都好，日常生活中许多该由孩子自己动手做的事情，家长都大包小揽，不知不觉中培养了孩子的惰性和被动、自私的性格特点。前两年曾发生过这样一件事情，一个男孩从小学习能力超强，被誉为"神童"，父母自豪之余更是一门心思地关注其学习，学习之外的事情一概代劳，这位"神童"也很争气地在十二岁就考入了名牌大学，但过惯了衣来伸手、饭来张口的日子，大学生活根本无法适应，一学期不到便黯然退学了。

作为父母必须明白这样一个道理：你不能照顾他一辈子，将来他的生活之路毕竟要靠自己的双脚去走，你早一天放手，他便早一天成熟、独立起来。像宁小远这样，从小养成娇气、任性的习惯，小毛病、小脾气大又喜欢依赖别人，对她长大后的工作、生活都会产生极大的负面影响。尽管从现在开始认识到并帮助孩子自立起来不如从一开始就这样做更好，但"亡羊补牢未为晚矣"，这个年龄段的孩子可塑性都很强，只要你赶快行动并用对方法，你的孩子就能学会照顾自己、照顾别人，就会成为一个"懂事"的好孩子。

自立指自我管理能力，是能做那些自己应该做的事情，做好自己能做的事情。仔细观察一下孩子的生活，其实他们很小就有自己动手做事的愿望。凡儿童自己能够做到的，应该让他自己做；凡儿童能够自己想到的，应该让他自己去想。父母不要怕麻烦，要千方百计寻找机会放手让他们去做，同时加以鼓励，让他们得到成功的满足。这种成功很容易转化为自信心，也就是坚信经过自己的努力，可以做好一切事情。

自立对孩子的发展具有非常重要的意义，具备这种良好品质的人有较强的责任心，能独立、勇敢地解决问题，因此具有较强的社会适应能力和心理承受能力。父母应经常运用有效表扬的方式来强化孩子的行为，对他们做出的努力给予充分的肯定，并鼓励孩子去克服困难，坚持自己独立做事，为他们的自主、独立发展创造民主、宽松、愉快的气氛，尊重孩子自主成长的要求。孩子自身有巨大的发展潜力，父母应尊重他们的自主性、独立性，放手让他们自由地发展。

孩子从一出生就是一个独立的人，他们在积极探索周围的世界，可是，家长无条件地包办代替，使孩子形成一种错误认识：什么事情都应该是家长做，不用自己动手做。让孩子学会做"人"，必须从学会做一个独立的"人"开始，从而感知生命存在的意义。

在孩子需要父母的帮助才能完成的事情时，父母不给予帮助，这是父母不尽职。然而，当孩子有独立完成这件事的能力时，做父母的就应要求孩子独立完成这件事。服侍小孩对他们不仅是一种奴化，而且很容易窒息他们自发的活动和独立自主意识，扼杀他们十分有益的主动性和创造性。不能把孩子当成木偶，给他们穿，给他们吃，好像他们是布娃娃，一面又不停地认为孩子不会做事，不知道怎样做。大自然赋予了他们可以进行各种活动的身体条件，也赋予了他们的智慧，可以学会怎样进行活动。身为父母，都希望自己的孩子将来能够成就一番事业，能够凭自己的素养开创一片天地，能够成为一个对社会有贡献的人，切忌包办代替孩子的一切生活方面的事情。

附：爸爸妈妈跟孩子签订的自立合同

甲方：爸爸妈妈

乙方：

"自己的事情自己做"，是孩子自立的标志，而自立的孩子老师最喜欢，爸爸妈妈最放心。乙方也很愿意成为一个自立的孩子，为此，跟爸爸妈妈签订以下协议，并保证按照协议规定去做：

①乙方是个大孩子了，同意从现在开始晚上自己单独睡觉，不过刚开始会觉得有点害怕，所以甲方应给乙方讲故事，陪他入睡。

②睡前和起床时，乙方愿意自己学习脱衣服和穿衣服，甲方应该耐心指导。洗手、洗脸、洗脚、刷牙等事情也要自己去做。

③玩具、学习用品用完后乙方要自己整理好。

④乙方的床铺和日常用品要自己整理好，自己的房间自己打扫，不让爸爸妈妈代替。

⑤乙方努力学习洗自己的毛巾、袜子等。

⑥乙方愿尝试在不要爸爸妈妈陪同的情况下，单独去附近的商店买东西。

⑦在爸爸妈妈做家务、清洁卫生时，乙方愿意帮忙。

⑧在遇到麻烦和问题时，乙方愿意自己先动脑筋想一想该怎么办，能自己解决的尽量自己解决，实在解决不了的再去找爸爸妈妈帮忙。

⑨与爸爸妈妈外出时，自己需要的、可能用到的东西要自己想到，自己

或提醒爸爸妈妈准备。

⑩每到周末的时候，甲方和乙方共同检查乙方这一周的表现，如果乙方比上一周有了进步，甲方应该给予一定的奖励。

本合同自甲乙双方签字后生效执行。

甲方（签字）   乙方（签字）

　年　月　日   　年　月　日

合同执行要点：

①父母对孩子的爱要懂得适度，不要一味地顺从他们，那只能称之为娇惯、溺爱。

②父母不要把孩子当作是自己的附属物或者单纯的接受者。不要事事为孩子包办代劳，应该让孩子做一些力所能及的事情，还可以让孩子独立解决具有一点难度的问题，可以指导孩子一些必要的解决问题的方法和技巧等等。

③父母要多和孩子进行沟通，鼓励他们积极参加集体活动，主动与他人交往，虚心向同伴学习。

④有些父母因为孩子的动作慢就干脆代劳，当孩子想表达自己的意见时，父母却横加制止。父母一定得有耐心，给孩子学习做事的机会。

⑤对协议的内容不能指望孩子一下子做到（或者协议本身也先拟定简单的，孩子做到了再重新拟定下一个），只要孩子在进步就好，就要给予鼓励。

⑥不能强制地要求，而是让孩子接受"劳动光荣"、"自己的事情自己做"的观念后自主、乐意地接受协议中的条款，也可以接受了哪一项先施行哪一项。

5. 培养孩子交际能力的交友合同

人的交际素质越高，交往的时间与空间就越大，生活也越丰富，得到的支持与帮助也就越多，机遇将不期而至。人际交往能力是孩子常会面临的一种困难。教育孩子调整自己的行为与态度，主动积极地与他人交往，建立和谐的人际关系，对于孩子的成长至关重要。人际交往是迈向成功的第一步，良好的交际习惯也是孩子成才必备的素质之一。

姜美辰是个长得很可爱的小姑娘，尤其是她那甜甜的圆脸，夹杂着格格的笑声，更是为爸爸妈妈所欣赏。但是不知道为什么，妈妈发现姜美辰很少与同学们一起玩，经常一个人独来独往，总是对着电视消磨时间。出去玩时，遇到有同龄的小朋友，即使人家主动跟她打招呼，她也很少与对方交流，家里更没有她的同学的到来，她也几乎不与爸爸妈妈说自己的事情。看到的电视节目感到好笑时，她也是自己一个人在那里傻笑，从不讲给爸爸妈妈听。

有一次，她在看《猫和老鼠》时，哈哈大笑起来。

妈妈走到她的身边，问道："女儿，这个故事有那么好笑呀？"

姜美辰没有理会妈妈。等她看完了之后，妈妈又走过来，耐心地说："女儿，《猫和老鼠》你从小就看，现在你已经读三年级了，你能告诉妈妈，你有没有自己的好朋友吗？"

姜美辰摇摇头："妈妈，我只喜欢看电视，不愿意和别的同学玩，因为每次玩的时候总是会吵架。"妈妈说："哦，原来是这样。那么，妈妈教你怎样去跟其他人交朋友，好吗？"

培养孩子与人合作的习惯，家庭生活很重要。在家庭中，父母可以多创造与孩子合作的机会，如母女一起做饭、父子一起修理自行车等。在与父母的合作中，孩子可以学到与他人合作的技能，在今后与他人的交往中能运用这些技能。对于孩子主动进行合作的行为，父母应该给予表扬。同时还要鼓励孩子多参加集体活动，孩子真正形成合作与竞争技能的时机往往是在与同伴集体的活动中，如在学校的运动会上，为同学服务、加油等。在当今社会，团队精神是一种优秀的品质，如果孩子具有团队精神，将更有益于他立足于世。因此，父母应该在日常生活中多给孩子合作的机会，让孩子在合作中学会与人交往。

人际关系的破裂也往往是由于缺乏主动宽容他人、谅解他人的胸怀所致。交际的重点是要让孩子学会宽容待人，要心胸开阔、宽以待人，不嫉妒他人，得理也让人。教育孩子胸怀宽广，摆脱嫉妒心理。

有的孩子不能与伙伴友好和睦地相处，不能掌握基本的社会交往方法、规则。有的孩子更害怕与老师交往，不懂的问题不敢问老师，不敢在老师面前发表意见。父母应有计划、有目的地解决孩子的这类问题。

首先要注重爱的表达，比如分享孩子的高兴情绪，理解和分担孩子的痛苦情绪等。让孩子感到父母是他完全可以信赖的人，从而感觉安全。

父母还要腾出时间与孩子共同玩耍。心理学研究表明，游戏对孩子心理的健康发展具有不可替代的作用。给孩子多找一些同龄伙伴，鼓励孩子与他们一起玩耍，让孩子在游戏中体验到欢乐，体验到与他人合作的重要性，从而激起他们友好相处的意愿和行为。不要夸奖孩子的独自玩耍行为，这将使孩子更喜欢独自玩耍。在孩子面前要多说一些鼓励他与别人一起游戏，告诉孩子与其他小朋友一起玩耍是很好的。

鼓励孩子帮助比自己年龄小的孩子，培养孩子的同情心。父母在孩子面前说话时也要注意，让孩子懂得得理让人，以和为贵。在人际交往的过程中，有时会发生不愉快的事情，这是难免的，重要的是要学会处理。孩子的很多理念和行为是受父母影响的，要是父母经常在孩子面前说某个孩子的坏话，孩子就会对那个孩子产生敌意，而不愿与他交往。

现代社会，如果不会与他人合作，知识再多也枉然。父母有责任培养孩子与他人友好合作的习惯。社会是一张网，个人是组成这张网的点，不管你做什么事，你都会与你周围的那几个点发生某种关系。关心和帮助他人是人类生存和发展的需要，也是个人生存和发展的需要。父母应当让孩子懂得，帮助别人就是帮自己，当孩子无私地帮助别人的时候，心中是自豪的、宽容的，当他全身心投入的时候，他的价值在帮助别人的时候得到了充分的展现。要教育孩子助人为乐。助人就是助己，生存就是共存，你希望别人怎样对你，你就应该怎样对别人。父母必须做出榜样，父母要在生活中热心帮助弱者，帮助需要帮助的人，同时鼓励孩子帮助别人。怎样帮助别人容易明白，关键是要有助人为乐的心态。

相信为人父母的都希望教导孩子能与人建立良好的人际关系，乐意与人合作。实践证明，人与人之间明显冷淡的相互关系，必然导致人产生消极的劳动态度，给共同的事业带来不可估量的损失。因此，与人合作的能力，已经成为当今世界人才的重要素质之一。父母要积极引导孩子与人合作，在合作中培养孩子的团队精神。

附：爸爸妈妈与孩子签订的交友合同

甲方：爸爸妈妈

乙方：

善于与人交往是一个向往成功的人必备的素质，乙方愿意在甲方的指导下学习与人交往的技巧，提高交际能力，为此双方签订如下协议：

①乙方要主动约伙伴来家中玩，学习待客之道。甲方热情招待，积极配合。

②甲方应勤带乙方去其他同龄孩子家做客，学习与人接触交往的礼节。

③面对别人的批评，乙方应动脑想想，正确的应愉快接受，不能动不动

就不理别人。

④面对别人错误的指责，乙方要用礼貌正确的方式为自己辩解。

⑤面对别人的误会，乙方要表示宽容，不要因此和别人对立。

⑥与同学发生争执时，乙方不论对错，都应采取主动积极的态度进行和解。

⑦乙方应积极参与周围同伴们所玩的游戏，和大家一同娱乐。

⑧当同学有困难需要帮助时，乙方要愉快答应并尽力帮忙。

⑨遇到同学生病不能上学时，乙方应及时问候，或征求甲方意见，一起登门看望。

⑩乙方应积极参加学校和班里组织的各种集体活动。

本合同自双方签字后生效执行。

甲方（签字）   乙方（签字）

 年 月 日   年 月 日

合同执行要点：

①教孩子学会欣赏和接受别人，尊重别人的兴趣。记住对方的姓名是对别人最起码的尊重。学会倾听他人的心声，而不要一味表达自己的想法。只有当孩子能够真诚地欣赏他人的长处，才能从内心深处真正地愿意接受别人。从实质上来讲，合作就是取他人之长，补己之短，是双方长处的交融，也是双方短处的互相弥补。只有相互认识到对方的优点，欣赏对方的长处，合作才会有真正的基础和动力。因此，父母要经常给孩子灌输这样一种思想：任何人都有他的长处，要学会真诚地欣赏。

②提醒孩子凡事要想到别人。引导孩子设身处地地想到别人。作为父母，应通过讲故事、做游戏和比喻等手段引导孩子认识他人、理解他人、同情他人，促进孩子从"自我"走向"他人"，由自己想到别人。

　　如果孩子自私自利，凡事都只想到自己，遇事就会斤斤计较，也难于与别人友好相处，更谈不上与他人合作。在孩子小的时候，父母不妨对孩子进行这方面的"分享训练"。同时适当地给孩子以引导，让孩子觉得分享对他来说不是一种剥夺，而是平添更多更新更好的机会和乐趣。

　　③要让孩子多参加一些集体活动，使孩子在集体活动中自觉地意识到与他人真诚合作的必要性。父母过度保护、封闭孩子，会使孩子失去与他人游戏的机会，也会使孩子失去认识他人价值的机会。

　　④让孩子学会一些合作的技巧和规则。父母要让孩子明白在合作中既要尊重对方，服从大局，讲统一，又要有自己的立场。容忍和随和是有尺度的，也就是说在合作过程中，不能唯我独尊，只想自己，要充分顾及他人的要求与需要，哪怕必要时做出一定的让步和牺牲。但是，迁就与让步是有限度的，不是放弃原则，在合作中要有自己的立场与个性，要知道取得同伴的信任与尊重是合作成功的前提。

6. 培养孩子做好小事的细节习惯

　　没有哪个父母不希望自己的孩子将来能做大事、成大器，但如果眼前一些点点滴滴的小事都做不好，又怎么指望他能做成什么大事呢？孩子是一张白纸，将来他做事认真还是粗心大意以至总把好事办坏，全在于幼小时父母在这张白纸上面书写些什么。

　　徐嘉很聪明，可他的学习成绩总是上不去，每次考试成绩都不理想，妈妈发现他试卷上的错题有不少都是小数点丢掉了，就让他重做一遍。他在草纸上做得很正确，可是再往作业本上抄写时，还是把小数点丢掉了。不仅如此，生活中，徐嘉也是个"马大哈"：袜子经常会丢了一只找不到；离开家却把钥匙锁在房子里；上学了文具盒里不是不见了铅笔就是没有了橡皮……

有一天中午，妈妈让她去倒垃圾，她高高兴兴地去了。当她倒完垃圾回来后，妈妈到楼道里一看，天啊！垃圾从自己家门口到垃圾道口满地都是，于是就喊徐嘉，让她快过来看看。

她看后一副满不在乎的样子，还说"这有什么？不就是一点垃圾吗？大惊小怪的。一会儿打扫卫生的阿姨会打扫干净的。"

妈妈看他满不在乎的毛病又出来了，就说："你不把楼道里的垃圾打扫干净，下午就不要上学了。平时做作业粗心大意，倒垃圾也马马虎虎，你从小就这个样子，长大了能做什么呢？"

徐嘉看到妈妈生气了，乖乖地打扫楼道去了。妈妈想到女儿的问题，真是烦恼极了。当晚，刚好电视里播出了教育孩子的节目。其中，有一个孩子与徐嘉的毛病如出一辙，看来这种情况还挺普遍的。这以后妈妈重点加强了在这方面对徐嘉的校正教育，情况也慢慢变得好转起来。

其实，大多数小孩或多或少都有在小事上不细心、无耐心的毛病，这很正常，因为他对有些错误导致的结果没有充分的认识，这时候家长的引导就显得不可或缺。

老子曾说："天下难事，必做于易；天下大事，必作于细。"父母教育孩子必须抓住每一个小环节，告诉孩子什么是对，什么是错。孩子的心灵是脆弱和敏感的，不要觉得他们还小，什么也不懂。日常生活中的每一个细节，一些细枝末节的小事，对孩子的成长来说，可能件件都是大事。

海尔总裁张瑞敏曾说："什么是不简单？把每一件简单的事做好就是不简单；什么是不平凡？能把每一件平凡的事做好就是不平凡。"它精辟地阐述了一个道理：想有所成就，必须从简单的事情做起，从细微之处入手。父母关注孩子做事细节的意义，不仅仅在于解决一个个小问题，更重要的在于在问题的解决之中，逐渐使孩子养成良好的习惯。良好的习惯一旦形成，将会成为孩子一生受用的宝贵财富。习惯，决定孩子的行为；行为，又潜在地决定着孩子的性格；性格，最终决定一个人的命运。

清华大学有两句著名的口号，一句是"心怀天下"，另一句是"从小事做起"。但是很多人往往只欣赏第一句口号，不懂得"从小事做起"才是做人做事的起点。认真做事只是把事情做对，用心做事才能把事情做好。让人无奈的不是突如其来的雨，而是自己忘记的伞。在孩子成长的道路上，都要带好那把伞。生活中，常常是一些微不足道的小事、细节无休止地消耗着人们的精力，阻碍人们的成功。"勿以善小而不为，勿以恶小而为之。"为人父母者一定要让孩子懂得：天下的良好习惯，都是通过细节的磨砺而养成的。

为此，父母要培养孩子，既要心怀壮志，更要脚踏实地。细节实际上是一种长期准备获得某一种机遇。细节是一种习惯，是一种眼光，也是一种积累，一种智慧。父母要善于教育孩子力所能及地圆满完成一些不起眼的微不足道的小事，比如洗一件自己的衣服，清理一次地板等等。这对全面锻炼孩子，增强孩子的综合素质，肯定是一件非常重要的事情。古人曾说"千里之行，始于足下。""九层之台，起于累土。"孩子能够做好一件小事后，自然高兴，父母再加以引导再去完成其他的事情。从这个角度讲，家长教孩子做好小事还是进行素质教育的前提之一。因此说，教育孩子认真细致地做好不起眼的事情，甚至做好别人不愿意干的事情，是成就孩子未来的任何事业的必备素质。

让孩子做一些他力所能及的事情，能够培养孩子的责任感。很多家长认为孩子会越帮越忙，自己5分钟能做好的事情孩子半个小时都做不好，所以不让孩子动手做事，这种做法是不对的。可以让孩子做一些简单的事情，如果不想培养一个没有责任心的孩子的话，千万不要做一个万事包办的妈妈（爸爸）。

著名的心理学家威廉·詹姆士说过一段非常精彩的话：播下一个行动，收获一种习惯；播下一种习惯，收获一种性格；播下一种性格，收获一种命运。为了让孩子的生活更加完美，一定要注意培养孩子认真做好生活中的每一件小事。

附：爸爸妈妈跟孩子签订地做好小事的合同

甲方：爸爸妈妈

乙方：

要做大事得先能把小事做好，多数人做不了大事只能一辈子做小事，原因之一就是总做不好小事。乙方愿意从小事做起，做个能做大事的人。为此，甲乙双方达成如下协议：

①乙方在学习过程中要特别注意细节的地方，比如写字是否工整，拼音是否按拼音格去写，小数点是否点对了位置，拼音的声调是否标对等。

②从即日起乙方上学前书包的整理（包括课本、学习用品等）甲方不再负责，乙方需提前自己细心准备，如因粗心忘记带某种用品而影响学习，后果由乙方自负。

③乙方用铅笔刀削铅笔时动作要轻，避免总是把铅笔芯削折的情况；使用铅笔时不要太用力，在学校里用完铅笔后要立即放进笔盒里，以免总是发生铅笔掉下书桌的现象。

④甲方注意到，乙方的课本包好书皮后仍然出现折皱、卷角的情况，乙方要爱护课本，把课本放进书包时不要挫压课本。

⑤乙方回家换拖鞋后，要把脱下的鞋子放进门厅的鞋柜里；晚上睡觉时要把脱下的衣服叠齐放好；玩玩具后要把玩具收进自己的玩具箱。

⑥乙方洗脸、刷牙和帮妈妈扫地时，一定会做到洗干净、扫干净，而不是敷衍了事。

⑦乙方在学校课间活动时，不要随地乱坐，以免弄脏衣服，自己要在口袋里备好面巾纸。

⑧乙方吃饭时要慢慢吃，减少把饭菜掉在桌上的情况。

⑨乙方接电话时要先问好，如果是陌生人要先说"请问你找谁"，接完电话后要轻放。

⑩无论在何时何地都不能在墙上乱涂乱画。

本合同自双方签字后生效执行。

甲方（签字）   乙方（签字）

　年　月　日   　年　月　日

合同执行要点：

①要纠正孩子小事总是做不好的习惯，家长自身首先要树立"小事关乎孩子成长的大事"的意识。

②日常生活中到处存在细节，到处是需要做对做好的小事，对此家长不能怕麻烦、怕琐细。

③重要的是要让孩子明白：展示给人完美的形象很难，需要每一个细节做得都很完美；但毁坏自己的形象很容易，只要一个细节没有注意到，就会给你带来难以挽回的影响。

7. 培养孩子文明礼貌的待人习惯

孩子言谈文明举止礼貌，大人喜欢不说，无形中还会提升气质，塑造出尊重他人的品格，所以家长在这方面不应以等闲视之。

谷小南的爸爸妈妈都是国家干部，可以说家境非常好。她是爸爸妈妈的掌上明珠，因此，她的举止言谈中常常对什么事都表现出瞧不起、不屑一顾的样子，俨然是一位骄傲的公主。

在一个星期天，谷小南穿戴整齐，准备跟着爸爸妈妈去看望姥姥。刚一走进电梯，值守在电梯的阿姨就热情地招呼："呦，小南，今儿又去哪儿玩啊？"

小南把头偏向一边，没吭声。

妈妈赶紧回答说："去看望姥姥。"

出了电梯后，妈妈对小南说："女儿，你怎么不理人呢？"

小南说："她只是一个看电梯的，凭什么问我干吗去？我为什么要向她汇报我干什么去呢？"

爸爸说："你这样想是不对的。人家跟你主动打招呼，你作为小辈当然更应该跟她打招呼才对，不理人是没礼貌的表现。"

在此之前，爸爸妈妈已经注意到小南这方面的一些做法：小南的奶奶从农村来住了几天，小南竟然嫌奶奶土气总是躲得远远的，从外面回来也从不主动问奶奶好。不光对奶奶、电梯工阿姨这样的人，家里来客人小南经常表现得特别没有礼貌，有时还冒出一两句粗俗的骂人话，让爸爸妈妈很尴尬。

其实对于小南的问题，家长应该首先从自己身上找原因：或者平时自己就待人不大礼貌，或者没有及时纠正孩子的做法。如果坐视这种情况继续下去，孩子很可能会成为一个人见人厌的人。

做文明之人，就要做文明事，使用文明的语言，就要懂礼貌，明事理。真正有修养的人都是懂礼貌的人，父母要把孩子培养成为一个懂礼貌的人。做事先做人，一个人的道德修养是其事业能否成功的基础所在。没有修养的人，无论学识多么渊博，也是不受人欢迎的。

礼貌的语言是一个人最好的介绍信。礼貌的语言是尊重他人的标志，良言一句三冬暖，恶语伤人六月寒。在与人交往中，礼貌得体的语言可以使人如沐春风，因而愿意与你交往；而不拘小节，言语粗俗，则会让人心生不满，厌而远之。孩子从小就要不断提高自己的修养，因为人际关系往往决定我们的前途和命运。只有礼节仪表同质朴的品格结合，才是一个有教养的人。所以家长要从品格与礼仪两方面同时去规范孩子，让孩子养成文明礼貌的好习惯，成为有修养的人。

培养孩子讲文明懂礼貌，首先要教育孩子在与他人的交往中要待人真诚，努力提高自身素质。要尊重他人，树立起关心帮助他人，与他人团结友爱、互相合作的思想；克服冷漠、孤傲、唯我独尊、自私自利的错误思想和行为。

其次，家长不仅教育，还要注意对孩子平时的训练和强化，使孩子举止文雅，热情大方，懂礼貌，重仪表。这样经过不断地训练，便会欣喜地看到孩子真的长大了，孩子只有懂得和做到这些，才真正证明他掌握了最初的交往技能，懂得了初步的社会行为规范。这是孩子们交往能力发展最理想的前奏。

礼貌绝不仅仅是一些刻板的虚假客套，它是一个人修养和品位的体现，是他内心世界的表征。哲学家认为，粗暴无礼是内心虚弱的人想显示强大的手段，反过来，和蔼可亲则是一个人充实和自信的表现。孩子只要懂得了讲文明懂礼貌的具体形式和内容，无论是言谈举止，还是文明礼仪，都会在不同的场合显现出他不同凡响的一面，为他今后的立身处世打下坚实的品格基础。

附：爸爸妈妈跟孩子签订的文明礼貌合同

甲方：爸爸妈妈

乙方：

待人礼貌是一个人有素质、有修养的表现，乙方愿意在这方面做出努力，为此，甲乙双方达成如下协议：

①乙方若是不小心撞到别人、打扰了别人或影响了别人时要说声"对不起"。

②乙方应时常说"谢谢"，受到了别人的帮助要表示感谢。

③乙方应尊敬"严父慈母"般的老师，见到师长时要问好。

④乙方应自觉将垃圾放入垃圾箱，不随地吐痰，要尊重别人的劳动成果。

⑤乙方讲话不要出口成"脏"，做到不打架，不骂人，同时也不与喜欢打人、骂人的孩子交朋友。

⑥乙方不得有意损坏公物或别人的物品。进公园游玩时，甲乙双方均不准进入草坪践踏。

⑦上公交车时，乙方不能争抢座位，要排队按顺序上车。

⑧家里来客人的时候，乙方要礼貌热情地打招呼；如果甲方不在，乙方要礼貌地招待。

⑨甲乙双方进入对方房间都要先敲门，乙方进入老师办公室也要先敲门。

⑩乙方对年龄比自己大的人，不要直呼其名；在与别人接触时，不得用"老头、老太婆、丫头片子……"之类不敬的称谓。乙方不得为同学起绰号，尤其是侮辱性的。

乙方在文明礼貌方面的做法如果有了进步，甲方会给予奖励，同时乙方有权监督甲方，发现不文明、不礼貌的行为立即指出。

本合同自甲乙双方签字后生效执行。

甲方（签字）　　　　　　　　　　乙方（签字）

　年　月　日　　　　　　　　　　　年　月　日

合同执行要点：

①父母应以身作则，净化家庭语言环境。家庭是孩子的第一学校，家长的一言一行将对孩子产生重要的影响。孩子的语言表达方式，在很大程度上是模仿家长而形成的。因此家长在家庭中要注意自己的语言，尽量做到不讲粗话脏话，注意自己的形象，给孩子起表率作用。

②配合学校运用规章制度教育孩子。平时家长应配合学校用《小学生手册》和《小学生日常行为规范》中的有关条例来对孩子进行教育，并让孩子对同班同学或同桌同学提出要求，对孩子自身进行监督，一发现讲粗话脏话，同学之间就互相善意地给予指出。

③教育孩子正确处理与他人之间的摩擦。多数情况下，孩子讲粗话脏话是对自己受到伤害后的一种宣泄反应，如被人触犯时往往会用粗话脏话骂人。家长平时就要教育孩子以善良之心看待与他人的摩擦，让他们知道人与人之间随时都会发生不愉快的事情，应该学会宽容，不要为一些小事而生气，同时更注意不能用粗话来攻击同学。

④坚持要求讲粗话脏话的孩子检讨。当孩子讲粗话脏话后，家长要严肃地批评、教育他。批评时可以向孩子提出：为什么要讲粗话脏话？不用讲粗话脏话的方式"还击"行不行？讲粗话脏话能解决什么问题？被骂者会产生什么态度和采取什么手段报复？等等。让孩子认识到讲粗话脏话不会解决任何问题，只能加深矛盾而影响团结，从而促使孩子主动向被骂者道歉认错，以达到团结的目的。这样，家长坚持数次，孩子也会改掉讲粗话脏话的不良习惯。

8. 培养孩子讲究卫生的清洁习惯

爱干净、讲卫生的孩子走到哪里都招人喜欢，而且这些行为习惯对孩子的身体健康也大有好处。对孩子而言，有自己身体这样的小环境，有家庭、教室这样的中环境、也有户外这样的大环境，家长要随时培养对于各种"环境"都要讲卫生的意识。

2007年6月的一天，陶哲放学回家，刚一进门，妈妈就忙不迭地把橘子皮剥开让孩子吃。陶哲刚想拿，突然"哦"了一声说："等等，我还没有洗手呢。"妈妈笑了笑，接着说："面盆里的水是干净的。"陶哲却回答："您没听专家说吗？洗手最好是用流水洗啊。"他一边说着，一边把水槽里盛着水的面盆挪走，在水龙头下洗起手来。

当时妈妈的同事李蓉刚好也在场，她夸奖道："这么懂得讲卫生。"母亲笑呵呵地说："我是故意试探他呢，儿子以前可不是这样很讲卫生的。后来因为'非典'，学校要求的也多。我们做父母的还与他特意签了份协议呢。"

李蓉一听，很感惊讶地问道："哦？什么协议啊？"陶哲妈妈说："是关于讲卫生的协议。"一边说一边找出了那份协议，只见上面清清楚楚地写着陶哲需要遵守各种卫生条款，还蛮详细咧。李蓉边看边兴奋地说："你们这一招真不错，我那宝贝儿子整天邋遢的，怎么说都不管用，回去啊我也跟他订个协议。"这时，陶哲跑过来，说："李阿姨，我妈妈经常会设一些小陷阱，看看我是不是在遵守合同约定呢。如果有哪里做不到的，我每天就不能看到最喜欢的动画片《西游记》啦。所以，我要格外注意个人卫生呀。"

就像所有好的习惯一样，爱干净也是一件让孩子感觉"麻烦"的事，要让孩子接受"麻烦"，一方面要让他充分认识到这种"麻烦"的好处，另一方面该强迫时就要强迫他养成爱"麻烦"的习惯。

孩子是否养成良好的卫生习惯，既影响他的身体健康，又影响他在同学伙伴中的个人形象，从而影响到孩子的自尊心。因此，父母应注意从日常生活的点滴小事做起，培养孩子良好的卫生习惯。培养孩子讲卫生的好习惯并非一蹴而就的事，要长期培养，逐步形成。

我国每年春季是呼吸道感染疾病的多发季节，如感冒、肺炎、气管炎、过敏性哮喘等，这主要是受气候影响而引发的，某些呼吸道疾病还会局部流行起来。有关专家对于春季防治呼吸道传染病的主要方法中就包括有：保持生活、工作环境的空气流通；对室内空气进行消毒等措施。可见保持良好卫生的重要性。

当前医学研究表明，现代社会将近有70％的疾病是由于不合理的卫生方式引起的。卫生知识是文化科学知识的重要部分，它直接影响人们的卫生行为和生活方式，是人们去除不卫生习惯，建立文明、健康生活方式的认识基础。生活方式与身体健康的关系很大。不良的习惯，有害的生活方式及恶劣的生活环境和自然环境，是构成人类许多疾病的重要因素。目前在很大一部分地区，公共场所脏乱，难以根治，随地吐痰现象随处可见。这些都与人们的卫生科学知识缺乏密切相关。在一些农村，肝炎、伤寒等肠道传染病、沙眼及肠道寄生虫病的发病率远比城市高，也是人们缺乏基本卫生知识造成的。所以从小培养孩子讲卫生的好习惯，对孩子开展卫生影响健康的教育，能够提高他们的卫生科学知识，不断增强自我保健意识和能力。

过去的"不干不净吃了没病"的说法，已经被认为是一种错误的观念，应给予批判。没有健康的体魄就没有学习、工作、劳动的基本条件。所以，为了减少疾病的危害，家长应时刻注意孩子的卫生状况，减少因不讲卫生而给个人和家庭带来麻烦与痛苦。

教育孩子讲卫生不仅可以改变学习环境，使他养成良好的卫生习惯和生活方式，而且可以增强孩子的公德意识。讲究卫生不只是为了个人，也是为了集体，为了全社会，是造福人类的一种美德。

因此，个人不仅要对自己的健康负责，而且还要对他人，对社会承担责任。环境为大家所共同享有，环境卫生差，危害他人，也危害自己。每个人都是社会的一员，有义务，有责任维护公共场所的卫生、环境的卫生。自觉做到不随地吐痰，不乱扔乱抛。一个人卫生行为的好坏很容易反映出他的思想情操和道德水准。不能只讲个人及家庭的卫生，更要维护公共场所的卫生。

附：爸爸妈妈跟孩子签订的卫生合同

甲方：爸爸妈妈

乙方：

甲方本着为乙方负责的精神，杜绝"病从口入"，养成良好的卫生习惯。特订立如下合同：

①甲乙双方应保持衣着干净整齐，服装整洁，勤换勤洗。尤其是乙方的内衣内裤，更要注意勤换，自己动手洗。

②甲乙双方均应勤洗澡洗头，勤剪指甲，及时清除身体上、头发上的细菌和灰尘。

③乙方应爱护视力，保持用眼卫生，吃饭、坐车、行走时或者在微光下不要看书。

④乙方要勤洗手，饭前、便前、便后、放学回家和玩耍过后都要洗手。不在马路上吃东西，不边吃边玩，不喝生水，不吃腐烂水果，吃水果要洗净或消毒等。

⑤甲方应为乙方准备专用的生活卫生用品，如专用的牙膏、牙刷、毛巾、面盆、茶杯、床铺及卧具等。乙方应注重牙齿卫生，早晚各刷牙一次，每次饭后要仔细漱口。

⑥乙方每月应刷洗一次书包，清除细菌。

⑦乙方不应到医院等容易传染上疾病的场所玩耍。

⑧乙方要随身携带纸巾或手帕,将吃过的口香糖等吐在纸巾和手帕中。

⑨甲乙双方应爱护环境,不随地吐痰和乱扔杂物。

⑩甲方要保持家中空气清新,清洁卫生。乙方不得乱丢物品来破坏家居环境。

乙方协同甲方每周做一次家庭环境大清理。

乙方应懂得将生活垃圾分类后,按种类丢进垃圾桶内。旧电池要放回学校设立的回收箱内。

本合同自双方签字后生效执行。

甲方(签字)   乙方(签字)

　年　月　日   　年　月　日

合同执行要点:

①在与子女订立并执行合同的过程中,父母的职责是要教育孩子自己动手。比如洗脸、洗脚、洗澡、洗衣服等事,要让孩子动手做,而不是家长看着着急就动手来代替他,变成父母为子女洗脸、洗脚、洗澡、洗衣服等。这样不仅不利于孩子卫生习惯的培养,而且也会使孩子养成一种凡事依赖父母的习惯,孩子是永远也不会主动做这些事的。

②家长应有意识地培养孩子的环保意识,要让孩子养成良好的生活卫生习惯。珍惜粮食,节约用水、电,减少生活垃圾。让孩子了解废弃材料回收利用的价值,教育孩子珍惜有限的自然资源。可以和孩子一同进行垃圾分类,将废报纸作为废品出售。

③积极鼓励孩子参加社区环境卫生建设,鼓励孩子从小事做起。可以让孩子参加有关环保的义务劳动,外出时爱护周边的绿化带或公共设施;不随地乱扔果皮、纸屑,不随地吐痰,不乱扔废弃物,不随地大小便;在家娱乐

时不干扰邻里。

④父母应明白自己在子女面前所起到的是一个督促的作用。如果孩子忘记了，就督促他吃东西前先洗手，饭后漱口，睡觉前洗脚，不用被子蒙头睡觉，不对着人打喷嚏和咳嗽等卫生习惯。久而久之，孩子会养成习惯，不再需要父母的提醒便会主动有意识地去做。

⑤父母的榜样示范作用可以影响孩子形成良好的环保意识、环保行为。家长可以利用节假日与孩子共同走进大自然，看绿树、蓝天、鸟鸣、溪水……使孩子感受大自然的魅力，使孩子的心灵贴近绿色。这种亲近自然的教育能够陶冶孩子的情操，激发孩子对大自然的热爱，从而保护大自然。

第九章

培养孩子做人做事习惯的合同

做人做事这个题目放到孩子身上似乎大了些，但是要知道，一个人做人做事的诸多习惯大多数是从小养成的，如果不从现在抓起，等他长大成人，一些坏习惯影响他的生存与发展时就晚了。有意识地跟孩子签一些这样的合同，在养成良好习惯的同时，让孩子成长得更加健康。

1. 改变孩子急躁脾气的耐心合同

人们谈到对某个人的印象，大多会提到某某是个慢性子，某某是个急脾气，可见脾气的急与缓能给人留下很深的印象。脾气急躁有很多坏处，小孩子脾气急躁做事便没有耐心，大人脾气急躁会让人觉得不能托于重任。有的人认为一个人的脾气是天生的，很难改变。很难改变不假，但只要家长付出努力，别用你的急躁脾气去校正孩子的急躁脾气，就一定能见到成效。

陆凯是个机警、反应敏捷的孩子，但同时他的性格也是很急躁的。吃饭、走路、说话无不表现出一个"快"字。每次跟大人一起做事情，都是他在催促爸爸妈妈怎么样怎么样，有时，甚至人家话还没讲完，他就抢过话头把自己的观点表述个不停。

这一年元旦，陆凯和爸爸、妈妈、奶奶一起打扑克牌。爸爸发现，每当陆凯手里有好牌时，他便焦急地催促坐在他左边的奶奶快些出牌，他这样做就是为了自己能快些出完手中的牌。

于是，爸爸对陆凯说："玩牌是大家共同参与的游戏，你要给别人一点思考的时间才行，不能只是为了你一个人能早点赢牌就不顾别人。这样下去，谁还会再跟你一起玩呢？"

陆凯若有所悟地点点头。但是过了一会儿，他还是不停地说："快点出吧，我这次的牌又特好！"

结合儿子平常遇事总爱脾气急躁的表现，爸爸意识到自己对孩子在这方面的教育出现了空白，如果不及时纠正，不管对他日常的学习还是对他将来的成长，都坏处多多。

耐心被认为是一个人心理素质优劣、心理健康与否的衡量标准之一，也是孩子未来成功的关键因素之一。培养孩子的耐心、帮助他克服急躁的毛病，不仅对他在学习上有帮助，而且对他今后的人生道路也有很大的影响。

培养孩子的耐心和意志力建议使用如下方法：

①确立目标法。家长应该指导和帮助孩子制定短暂和长远的目标，使孩子有努力方向。孩子心中有了目标，有了"盼头"，他就会为表现出坚毅、顽强和勇气，为实现目标而努力，确立目标一定要恰当，应该使孩子明白这目标不经过努力是达不到的，经过努力就能达到。目标不能太难或者太容易，太难或太易的目标都不能锻炼孩子的意志。另外，目标如果是合理的，那就应当要求孩子坚决执行，直到实现为止，不能迁就孩子，更不能让孩子半途

而废。

②独立做事法。应尽可能让孩子独立活动，比如让孩子自己穿衣，自己完成作业，等等。孩子在进行这些活动时，必定要克服一些困难、障碍，也正是在克服困难的过程中，使他的意志得到了锻炼。假如孩子不能独立完成这些活动，父母也不应立即去帮助，应该"先等一会儿"，要让他自己去解决困难。当他战胜了困难，达到了目的，会显示出一种经过努力终于胜利的满足感。在这个过程中，孩子的耐力和意志也就随之增强。

③解决困难法。父母应该有意识地为孩子设置些障碍，为他们提供克服困难的机会，使他们在生活的道路上有点小小的坡度。倘若把孩子前进道路上的障碍全部清扫干净，他现在可能平平安安，日后就会逐步失去走过坎坷道路的能力。

④自我激励法。孩子的意志品质是在成人严格要求下养成的，也是他们在日常生活中经常自我控制的结果。父母应时常启发孩子加强自我控制。自我鼓励，自我禁止，自我命令以及自我暗示等，都是意志锻炼的好方式。比如，当孩子感到很难开始行动时，让孩子自己给自己下个命令："大胆些！""不要怕！""再坚持一下！"等。

⑤充分肯定法。对孩子在活动中表现出来的意志努力和取得的点滴进步，父母要给予合适的肯定和赞许。赞扬、鼓励可以鼓舞孩子的勇气，提高孩子的信心，有利于意志的锻炼。在孩子没有耐性完成计划时，家长要进行具体分析，切忌说："我就知道你完不成任务"，"我早就说你没长性"等丧气话。否则，只能使孩子一次次增加挫折感，而最终失去做事的信心与耐心。最后，要提请父母注意的是，人的意志品质与性格特征有着一定的关系。因此父母在培养孩子耐心与意志力时，还应该充分考虑孩子的不同心理特点。对性格内向的孩子应加强果断性和灵活性的锻炼，培养他大胆、勇敢、坚毅的品格。

父母可以从孩子的兴趣着手，选择一项孩子感兴趣而又能够适应的活动，作深入持久的培养；为孩子制定与其年龄相适应的、相对严格的生活作息制度，借助家长的督促，来培养孩子的耐心。为孩子设立一定的困难情景或有目的地让孩子接受一些磨难教育，通过挑战和考验提高孩子的心理承受力，达到培养耐心的目的。

对孩子的合理要求，只要情况允许，不要立刻满足，这叫做"延迟满足"。要让他等一段时间，让他学会忍耐，让他知道这个世界的事情不是他想怎样就怎样的，他所要的东西不是立刻就可以到手的。要磨他的脾气，炼他的性子，使他变得更有弹性，更有耐心，这对孩子做事是非常重要的。对孩子的不合理要求，家长必须学会拒绝，否则就是在鼓励孩子放纵自己。这方面特别要注意的是父亲和母亲要互相通气，保持一致，以免孩子钻空子。家长应该有意识地给孩子设置点障碍，为孩子提供一些克服困难的机会。因为耐心是坚强意志磨炼出来的，越是在困难的环境中，越能锻炼孩子的耐心。

附：爸爸妈妈跟孩子签订的克服急躁的合同

甲方：爸爸妈妈

乙方：

甲乙双方都认识到，乙方的急躁脾气给乙方的学习、做事、交朋友都带来了不好的影响，乙方决心克服它，甲方愿意给予支持和指导，为此双方签订如下协议：

①每当遇到交谈的情况，乙方应仔细听别人把话说完，不许抢话头，打断别人的话。

②在等公车时，乙方不应左顾右盼，站立不安，车该来时自然来。

③对于甲方告诫的话，乙方应用心倾听，不能总说："烦死啦。"也不能在甲方还没有说完的情况下，即点头敷衍。

④乙方在作业没完成的情况下不可以做其他的事。

⑤如果乙方选择了在课余时间学习某种技能，决不能半途而废。

⑥乙方的作业本从始至终要书写清楚工整，不能有一页不工整。

⑦乙方的计划（学习、锻炼等方面）一经制定，不能随意更改。

⑧乙方在感觉自己心里着急时，心里从 1 默数到 100。

⑨每过一段时间甲方对乙方克服急躁的情况进行总结，如有进步应给予奖励。

⑩本合同自双方签字后生效执行。

甲方（签字）　　　　　　　　　　　　　　乙方（签字）

　　年　月　日　　　　　　　　　　　　　　年　月　日

合同执行要点：

①父母要通过和孩子交谈帮助孩子认识问题，培养孩子的耐心。如果孩子因为玩不好游戏而大发脾气，干脆不玩游戏。那么，父母可以告诉他，这些事的确使人不高兴，但是拒绝游戏也解决不了问题，然后再引导孩子完成它。

②父母要以身作则，教育孩子时就要有耐心。孩子做错了事，要给他讲道理，耐心地告诉他错在哪里，即使在拒绝他的不合理要求时也要使其心悦诚服。父母要经常结合身边的人和事，讲讲历史上的成功故事，让孩子认识到每一个成功的人，每一项成果，无不是经过几年乃至几十年坚持不懈的努力的结果，没有耐心是无法取得的。父母要让孩子意识到，成功是件了不起的事，但过程往往是枯燥无味的，是需要耐心和毅力才能达到的。

③在日常生活中，父母可以要求孩子帮助做一些力所能及的事，如洗菜、擦桌子、洗碗等等。刚开始孩子会漫不经心地边做边想玩，此时家长就要站在一边，教孩子做事的全过程，让孩子用心去做，直到把事情做好。要集中

孩子的精力，使他们持久地沉浸在一种活动中。要让孩子知道，生活中许多事是需要耐心和等待的。不能因为孩子饿了马上要吃，渴了马上要喝，想要什么立即就给买。

④家长可以给孩子找点需要 长期坚持的事情做。例如天天扫地、照顾邻居老人、坚持晨练、写日记等等，至少要能坚持一个学期。这种事对培养孩子耐心作用非常大。不过要和孩子商量，不要硬派，让孩子自己下决心去做。

2. 改变孩子任性习惯的自制合同

现在城市家庭中一般都是独生子女，对孩子娇惯、尽量满足其愿望就成了常见的现象，从而造成了孩子任性的毛病，稍不如意就要耍脾气、闹性子。这样的孩子走上社会以后要处处占先，受不了一点委屈，很难与周围的人相处，会给自己的工作、事业和生活增添不小的障碍。

李亮亮一家一直和爷爷奶奶生活在一起，两位老人都特别疼爱这个可爱的小孙子，甚至有点疼爱过头了。比如，李亮亮要是想得到一些自己喜欢的东西，她只要对爷爷奶奶撒撒娇，发点小脾气。那么，李亮亮想要的东西、想做的事就一定能够得到和实现，这就是李亮亮的"杀手锏"了。也许由于爷爷奶奶的过分溺爱，李亮亮不知不觉形成了任性、专横的性格，只要在生活中遇到一些自己不称心的事，他便使出"一哭、二闹"的"招数"。

有一天晚上，电视里播出一种休闲食品"海苔"的广告，不得了了，李亮亮赶紧让爸爸妈妈去给他买。爸爸说："亮亮，这产品刚打出广告，我们家附近不一定会有呢，等周末有时间我去超市转转，一定给你买呀。"

可是李亮亮恨不得马上吃到嘴里，见爸爸妈妈不理他，干脆一屁股坐在地上，冲着妈妈大喊大叫起来。

爸爸生气地说："起来，快回自己的房间去。"

李亮亮见爸爸真的生气了，就收敛了一些，不情愿地走进房间，生闷气去了。奶奶见孙子受了委屈，不高兴了，忙追进亮亮的房间好言安慰，爷爷则下楼给亮亮买海苔去了。

爸爸觉得这样下去亮亮会被惯坏的，必须痛下决心改变这种状况，让亮亮成为一个懂事的孩子。于是他找时间与两位老人做了一次长谈，一开始老人自然不接受，但经他剖析利弊，从孩子的长远发展出发，老人答应配合儿子校正孙子的任性习惯。

作为家长要明白，任性与有个性是两码事，任性是无论什么事都要遂了自己的意才行，而个性是在某些方面特立独行，坚持自己的行为风格。保持好的个性、改掉任性是每个家长应帮助孩子做到的。

天津市教育科学研究院孟育群教授对亲子关系进行了 10 年的研究，她的调查表明：绝大部分家庭亲子关系都存在不同程度的问题。其中对孩子过分溺爱的父亲与母亲人数分别达到 40％和 60％。许多家长对子女的要求几乎有求必应，可换来的结果是，子女不尊重父母，不理解父母，甚至走入极端。

有些孩子脾气特别急躁，个性偏，很有主意，稍不满意就会和父母"较劲"，表现非常任性。但他们的任性时间短暂，事情过去了，很快就忘记了。这类孩子的情绪控制能力和挫折耐受力比一般孩子差，常因较小的精神刺激就突然爆发出强烈的愤怒情绪，甚至产生一定程度的暴力行为，其情绪和行为具有突发性、不稳定性和反复性，给人的感觉是非常任性。"极端自我中心"的生活环境是造成任性的主要因素。在孩子正常的成长过程中，会出现自我意识非常强烈的阶段，这时如果父母对其迁就、放任，任由孩子指挥一切，他们的自我中心意识就会极度膨胀，从而表现为极端任性。这在由祖辈身边长大的独生子女中体现最明显。如果老人当着孩子的面反复说他任性，又给了孩子一种心理暗示，进一步引导他朝着"任性"的方向发展下去。可以说，这种孩子的任性完全是成人"培养"出来的结果。

大多数孩子任性的形成，有以下几个原因：

①家长对孩子溺爱、娇惯、放任、迁就。孩子任性往往与他们在家庭中受到百般宠爱有很大关系。

②家长对孩子的态度简单粗暴。有些家长教育孩子要绝对服从父母，造成孩子的逆反心理，不管家长说的对不对，孩子都不接受，从而埋下了任性的种子。

③家长蔑视孩子的人格。有些家长总在他人面前数落孩子，刺伤了孩子的自尊心，在这种情况下，孩子虽然心里明白是自己错了，可为了保全面子也不接受父母的批评，于是就以"拧"来对抗。

④父母之间教育孩子的意见不一致，孩子从一方得不到满足后，又从另一方找到了突破口，从而表现出任性。

⑤有些孩子是由祖辈带大的，他们的需求容易得到满足，一时遭到拒绝，孩子就会任性地报复。

在对孩子进行家庭教育中，家庭成员要协调一致，互相配合，使孩子的品德和行为按照统一的要求发展。在现实生活中很多家庭都是以孩子为中心，当孩子有了缺点、错误时，有的主张批评教育，有的却包庇护短，家庭成员在认识和要求上的不一致，必然会以不同的态度，不同的做法，不同的情绪暴露在孩子面前，孩子当然喜欢袒护自己的那一方，会与批评自己的一方闹别扭。这不利于教育孩子的，以致使孩子养成任性，是非不清，听不进正确批评，常常无理取闹等不良品德和行为。

　　孩子希望父母把他们看成能自立的成年人，常常会计较父母和他们说话的口气和态度。但是父母如果仍像他幼小时一样看待他，这就会使他们为自己的才能和自立没有得到父母的信任而感到不愉快，而形成执拗的个性。再有，父母往往在遭到孩子拒绝时，恼羞成怒地强迫他立刻服从，这就极易使孩子因恼火而失去理智。在这种情况下，最好给孩子一点时间让他平静下来，好好想一想，告诉他："你是个懂道理的人，想一想该怎样做才好？"孩子的头脑冷静下来后，就会听从父母的劝告。父母一方面要有严格的教育，一方面又要尊重所教育的对象，两者互相结合，孩子的任性就可以纠正。此外，多让孩子参加集体活动，在小伙伴的督促下，孩子的任性就很难有立足的余地了。

附：爸爸妈妈跟孩子签订的自制合同

甲方：爸爸妈妈

乙方：

　　乙方已经是个大孩子了，应该懂事了，爸爸妈妈因为乙方有时候表现得过于任性而感到着急。乙方也决心通过自制改掉任性的坏毛病，为此双方协议如下：

　　①乙方在向甲方提出某个要求之前，要先想一想自己是否真的需要，自己的要求是否合理。乙方要努力学会克制自己的欲望，不提无理的要求。

　　②乙方应明白，从现在起甲方不会对乙方有求必应，当甲方拒绝乙方的要求时，乙方可以讲清理由进行申诉，如果理由正当，甲方会尽力满足，如果理由不正当，甲方会坚决拒绝，此时，乙方不能无理取闹，不能以不吃饭、不上学相威胁，否则，甲方将取消乙方一星期的零用钱。

　　③无论何种情况下，对甲方和爷爷奶奶、老师要尊重，不能因为自己的要求没有满足就顶撞。

④受到批评时要先想想自己是不是真的错了，错了就承认错误，如果其中有误会，可以及时讲清楚。不能受了委屈就哭闹、抵触。

⑤跟同学、小朋友一起玩耍时，要懂得谦让，不能以自己为中心，抢占他人的东西。

⑥玩游戏只能周六、日各玩一个半小时，平常不能玩。乙方必须遵守玩游戏、看动画片的时间限定，每按时停止玩游戏一次积10分，超过时限一次扣10分，积够100分全家一起去乙方喜欢的餐馆吃一次饭，积够500分甲方为乙方买一件特别的礼物。

⑦甲乙双方遇到问题时应以平等的身份沟通，甲方不能以大欺小，乙方也不能恃小"欺"大。

⑧本协议自双方签字后生效执行。

甲方（签字）   乙方（签字）

　年　月　日   　年　月　日

合同执行要点：

①当孩子提出不合理要求哭闹撒泼时，不要急着去哄，以免形成恶性循环。让他把"小脾气"及所有"本事"都使出来，由于家长冷漠的反应，当他明白这些并不管用时，他会对自己的行为重新加以考虑，有时会自觉放弃不合理的要求，此时父母再去说理教育也不迟。

②避免无原则迁就孩子，父母尤其要减少对孩子的呵护，养成孩子自己去克服困难，锻炼意志的习惯。

③孩子的任性行为中有时蕴藏着积极的因素，父母应对此加以引导，既要不伤孩子的自尊心，又避免了孩子的任性行为。

④当孩子任性起来，吵着要这要那时，父母设法把他的注意力、兴奋点转移到其他的事物上去，使他忘却那些不合理的要求。

⑤表扬和批评并用。孩子任性时，不要当着别人的面训斥他，顾及孩子的自尊心。鼓励孩子向那些听话的伙伴学习。

⑥父母要求孩子做的，自己首先要做到。父母要控制自己的情绪，不要当着孩子的面发脾气。

⑦孩子有时任性是因为知识少，认死理，往往把错误的行为当成正确的行为，固执己见。父母要想办法使孩子扩大视野，增长见识，孩子知识多了，就会改变自己一些错误的做法。

3. 培养孩子自尊习惯的尊重合同

自尊心是什么？简单说来，自尊心是个人的要求受到合理的、正当的尊重的一种情感。自尊是否也会成为一种习惯意识，一个孩子变好变坏，是由很多因素决定的，其中维护孩子的自尊心，是保证孩子健康成长的重要因素，也是激发孩子积极向上的内在动力。

在一个星期五的晚上，张阔的姑姑过来吃晚饭。爸爸开玩笑地说："张阔，跟姑姑说说，今天老师叫爸爸去学校干吗呀？"听到爸爸的话，张阔的脸腾地红起来。

姑姑惊讶地说："怎么了，老师叫家长了？"一句话说得张阔简直抬不起头来。这可是张阔上学五年以来第一次被"老师叫家长"。他不好意思地笑了笑。

姑姑于是问爸爸："是什么事呢？"爸爸故意神秘地对姑姑说："欺负女生！"

"啊？阔阔，你是男孩子，好男不跟女斗呀。怎么可以欺负女同学呢？"姑姑对着一边不知所措的张阔讲。

只见张阔站起来一边冲着爸爸说："哎呀，别提了。"一边跑到房间里去了。

这时，爸爸才跟姑姑解释说："阔阔想跟他班上那几个学习好的女同学一起玩，人家可能是因为他是男生吧，不带着他玩，于是，阔阔把坐在前面的女生辫子悄悄绑到椅子上，当老师提问到那个女生时，她站起来差点摔倒了。而且，不仅被辫子拽疼了，还惹得其他同学哈哈大笑。她就哭起来了。"

姑姑这才明白是怎么回事："哦。原来是这样的。看来得教育阔阔，尊重别人，不能伤害别人的自尊心，才能被别人尊重呀。"

"不过，"姑姑说："你当着我的面揭阔阔的短，也是对孩子的不尊重啊。"爸爸听了似有所悟地点了点头。

自尊者尊人，一个没有自尊心的"二皮脸"，很难想象他会尊重别人，而这样的人也很难得到别人的尊重。

随着孩子年龄的增长，他会逐渐开始懂事了，这时他需要得到家长和周围人对他的尊重和信任。满足孩子这种精神上的需要，会使他产生一种喜悦、欢乐的情绪体验，有利于良好心理习惯的培养，使他们更能接受和正确对待父母的教育，非常有利于他们的学习和生活。无数研究表明，在孩子发展自尊心的过程中，父母的关心是极为重要的。反之，就会使他们产生失望、消极的情绪体验，这会影响他们的成长和进步。

心理学家认为，自尊心得到尊重的孩子，常常表现出一种充满信心、朝气蓬勃、积极向上的精神面貌。自尊心强的孩子有三个主要特征：①在家里得到较多的爱护和赏识；②父母给他们规定了严格的行为准则；③家庭富有民主并且很开放。相反，低自尊的孩子经常感到孤独和忧愁，感到没有人爱他们，不能积极主动地参加各种活动，不能与父母、老师和同学友好相处，他们无论做什么事情都缺乏自信。如果自尊心受到伤害，孩子则会胸无大志、自暴自弃、消极悲观、不求上进。培养孩子的自尊心要从塑造孩子的优良个性的整体出发，要与培养诚实、正直、谦虚、宽厚、勇敢、开朗、有毅力、负责任、热爱集体、热爱人类等品格因素联系起来。还要教育他们把自尊心发展提高到集体荣誉感、民族自信心和自豪感上来。

孩子渴望被家长和老师尊重，被同学尊重，所以当孩子的自尊心受挫折时，家长要积极地进行开导，并作具体保护。

首先，当孩子学习不好或做错事的时候，父母不要使用挖苦嘲笑的语言，骂孩子是"笨蛋"、"白养活了你"等。这样容易损伤孩子的自尊心，使孩子产生自卑感，同时会影响孩子的智力发展，使怯懦的孩子更加怯懦，情绪执拗的孩子会激发他们强烈的对立情绪。越是奚落孩子，就越使孩子感到羞辱和痛苦。所以，孩子一旦做错事，家长要耐心说服，讲清道理，帮助孩子纠正，不要过分指责，更不能讽刺、打骂。惩罚时也要注意到尊重孩子。对孩子的错误要从正面示例，正面引导。批评要讲究方式方法，让孩子感悟到父母是真心地爱护、尊重自己，并非有意与自己过不去。不能不分场合地在别人面前惩罚或不尊重孩子。

第二，切忌随意惩罚。有的父母看到孩子有了错误，轻者训斥，重则体罚。在家长的武力威慑下，孩子可能俯首帖耳，要他怎样，他就怎样，表面上循规蹈矩，老实听话，实际上只是一种心理压抑的暂时表现，他们的心里肯定不服气。比如，有的孩子做错了事，父母就罚跪罚站，甚至不让吃饭或不让睡觉，结果孩子对父母的仇恨加深，导致孩子一反常态，做出违背父母意愿的事情来。还有的父母看到孩子和一些不三不四的人交往，就大发脾气，破口大骂孩子是"流氓"，甚至把孩子锁在家里，不让出门。结果使孩子的自尊心受到极大伤害，公然与父母对立，甚至离家出走。因此，对待孩子的错误，不能采取武力，应当耐心地提出善意的批评、合理的要求，照顾孩子的自尊心，启发孩子改正错误的信心和自觉性。只有这样，才能有较好的教育效果。

第三，多商谈，少命令。家长要求孩子做事时，会采取命令的语气对孩子说话，如："不能这样"、"不许那样"等。如果孩子长时间处在这种不自由的环境中，就会变得手足无措，无所适从。久而久之，孩子会越发没有主见。长大后，做事情也或优柔寡断，没有进取精神。如果孩子的自尊心长期得不到保护，会磨蚀孩子独立的人格个性，形成孩子怯懦的不良心理习惯。因此，家长无论让孩子做什么事情，都要以商量的口气，对孩子提出的合理建议也要采纳，尊重孩子的意见。这样才能使孩子成长为心理健康、有独立见解的人。

自尊者既不傲慢又不自贱。一个有自尊心的人，常常也是重信义、不为环境所牵制的人，这样的人不傲慢，不轻人，不自轻，不自贱。他们知道：自狂会妨碍自己的进步；自贱会丢掉自己的人格。所以在一帆风顺的时候，能冷静地维护自己的尊严，在身处逆境的时候，也决不失去自尊。

附：爸爸妈妈跟孩子签订的尊重合同

甲方：爸爸妈妈

乙方：

有自尊心的人才能得到他人的尊重，乙方愿意做一个有自尊心的孩子，为此甲乙双方达成如下协议：

①乙方在各种场合下都要尊重别人，养成认真听取别人意见的习惯。

②乙方在学校、在客人家里玩耍嬉闹时要有所节制，不要惹人厌烦。

③不能粗口骂人，遭到别人辱骂时不能还骂，但要据理力争以维护自己的尊严。

④犯了错要认真接受老师、家长的批评并诚恳道歉，不能显出一副无所

谓的派头。大人批评错了，乙方可以申辩。

⑤甲方在客人和乙方的同学面前不能批评乙方，更不能揭乙方的短，而是应该维护乙方的尊严。

⑥乙方犯错误时，甲方不能用体罚或伤害性的语言对待乙方。

⑦甲乙双方要互相尊重对方的隐私。

⑧本合同自双方签字之日起生效执行。

甲方（签字）　　　　　　　　　　　　乙方（签字）

　年　月　日　　　　　　　　　　　　　年　月　日

合同执行要点：

①要做到尊重孩子，家长就要改变同孩子说话的口气，要把教导训斥的口气变为平等交流的口气。只有尊重自己，继而承认自己，喜欢自己，才会对自身的存在产生价值感。要教孩子把自己当成另外一个人来尊重，即尊重自己。自尊是一种做人的观念，每个人都有平等的获得同样尊重的权利。

②帮助孩子一起对失败进行分析，找出原因。一般有三种情况：一是自己本身努力不够；二是自己力所不能及；三是外部客观因素影响。第一种原因有助于激发孩子继续努力，提高信心，后两种则应引导孩子正确对待，不要自暴自弃，怨天尤人，争取机遇，创造条件，今天达不到，以后可能就会实现。

③家长为孩子创造获得成功的机会。根据孩子的个性特点、能力水平，和老师商量，提出适当的要求，让孩子做力所能及的事，并不断自我鼓励，体验成功的喜悦，提高自信心。再根据孩子的实际水平，设置一些经过努力能够完成的任务，使孩子在实践中体会什么叫困难，哪里会有困难，遇到困难怎么办，体验克服困难后获得成功的喜悦，逐渐提高挫折的承受力。

④父母要经常反思自己对孩子的评价。不要因为孩子在竞争中表现一般

而在内心深处感到失望。父母要教孩子采取不找自我岔子的方法，经常地非难自我会成为一种自拆台脚的习惯。父母当孩子泄气时应鼓励他们；当孩子遇到威胁时同他们在一起，并给予他们克服障碍的工具。

4. 培养孩子是非善恶观念的道德习惯

说起关注孩子的道德品质，个别家长会不屑一顾：孩子将来功成名就最重要，其他都是次要的。持这一观点的家长应该反省：混迹街头甚至违法犯罪的不良少年是怎么产生的？退一步讲，即使功成名就，但缺乏道德约束的人迟早会走入人生的歧途，这样的例子难道还少吗？凡此种种，究其根源就是因为从小缺乏正确的道德引导，没有树立起正确的是非善恶观念。

张先生经常对儿子大海说的一句口头禅是："顾好自个儿，别的啥都别管。"

有一次，大海在学校里跟同学打架，挨了老师的批评，张先生怒不可遏地冲到学校，打了大海的同学不说，还把老师大骂一顿，最后又与被打同学的家长扭打在一起。自此以后，大海在学校里越来越横行霸道、无人敢惹，得了个"小霸王"的称号，而张先生也被冠以"霸王爹"的"美誉"。

还有一次，父子俩在电视里看到一位热心人把一个被车撞倒在路边的老汉送到医院，最后却遭老汉家人诬陷的故事，张先生郑重地教育大海："看到没有，好事不能做。"

可以预见，在张先生的言传身教之下，大海长大后会成为一个什么样的人。张先生这种缺乏正确是非观念的教子方式是错误的，但是，父母自身拥有正确是非观念就能教出好孩子吗？那也未必，还要看家长以什么方式教育孩子。

家庭道德教育没有什么成熟的理论，也没有可依恃的范本，它需要家长在日常生活的一点一滴中向孩子灌输是非善恶的观念，培养他优良的道德品质。把一些便于把握的问题集中起来，以合同的形式让孩子接受并照此去做，无疑是一个简便易行的做法。

河南财经学院朱金瑞教授指出，品德是一个人立足社会的通行证。一个讲道德的人，人们愿意与他交往，这意味着他有更多的资源和机会，更容易成功。品德是一个人素质中的核心部分，一个成功的人，大多是一个具有较高素养、品德高尚的人。一个品德低劣的人，本事越大，对社会的危害就越大，个人吃亏也就越多。一个道德高尚的人，意味着他的人生有了追求和动力，他的生命处于更高的境界，他的人生才会精彩。因此，教育孩子做一个有德性的人，是家长最重要的责任。

孩子道德行为的养成，需要告诉他们哪些是善的，哪些是恶的，哪些是应该做的，哪些是要坚决反对的。需要给孩子们实践的机会，"勿以善小而不为，勿以恶小而为之"，从点滴小事做起，使孩子在生活中磨炼意志，提高自我控制、自我调节、自我转化的能力，从而养成良好的道德习惯，形成稳定的道德品质。

道德既是一种人生境界，也是一种美好的生活方式，是与生活息息相关的。家长如果能躬行实践，道德则是世界上最为可贵的东西。相反，如果把道德仅当成教育、约束孩子的工具，而与自己无关，那也最让人感到痛心，要为孩子创造良好的道德教育气氛。孩子主要的生活环境是家庭，家里的环境和气氛的好坏对孩子道德品质、性格、兴趣爱好的形成，起着潜移默化的作用。为了陶冶孩子的良好情操并逐步形成良好的品德，家庭要形成团结友爱、民主活泼、勤奋好学和勤俭朴素的好风气。

子女可以从父母的模范行为中受到潜移默化的影响，吸取很多有益的营养。爸爸、妈妈毫无疑问地承担着培养孩子道德意识的责任。所有的育儿理论已经说了无数遍：父母实施教育的最有效的做法，就是自己给孩子做个表率。举个例子，如果某家长当着邻居的面大大地夸奖对方的孩子，而回到家关上门就说"这个小孩简直就是傻瓜一个"的时候，你还怎么能够让孩子成为一个品德良好的人呢。

在郑州曾经发生过这样一件事，一个 15 岁的孩子在郑州机场带着两个陪舞小姐，后被警方带走盘问，原来这孩子的父母从事电脑贸易，家境富裕，但很少过问孩子的学习和生活，孩子就带着 15 万元现金，周游各地，并叫上这两个小姐。当孩子的母亲到公安局领人时，对孩子没有任何批评，对警方也没有一句感谢的话。可想而知，这样的家长会养出一个怎样的孩子？

家长还必须重视的一点是，爱国教育是孩子道德培养的重要组成部分。

在美国，几乎是没有在特定的场合进行和接受爱国主义教育的情况发生的。学校更没有专门开设的爱国课，美国对学生进行的爱国教育，是在潜移默化中进行的。每天清晨，第一堂上课铃一响，进行的第一项内容，即是学生们虔诚地把手放在胸前，庄严地大声宣誓："我向美国的国旗和共和国宣誓，在上帝之下，确保领土完整，为万民谋福利的自由正义之国，誓以忠诚……"美国人甚至在最喜爱的各种大大小小的体育运动开赛前，第一件事便是全体起立，高唱国歌。在那隆重热烈的场合，成千上万、各种肤色的美国人注视着冉冉升起的星条旗，高唱国歌。置身于其间不能不被美国人的爱国热情所感动。正是在这种潜移默化之下，实现了对学生的教育。

附：爸爸妈妈跟孩子签订的做"好孩子"合同

甲方：爸爸妈妈

乙方：

　　坏孩子自私自利、惹是生非，弄不好很容易走上违法犯罪的道路；好孩子爸爸妈妈放心，长大后会成为一个对社会、对家庭有贡献的人。乙方愿意做个好孩子，为此，甲乙双方达成如下协议：

　　①在家里，甲方承诺乙方做作业或者在学校里遇到难以解决的困难时，会无条件地帮助乙方；乙方承诺在甲方做家务时也会帮助甲方。在学校，乙方也会尽力帮助遇到困难的同学。

　　②乙方承诺决不欺负比自己弱小的同学和小朋友，在遇到别人欺负时也不会害怕，如果对方太过分，乙方要向老师或者甲方报告，甲方会跟老师一起协调解决。

　　③对老师要尊重，不要在背后议论老师、给老师起外号等，在校内校外遇到老师都要问好。不光对老师，对于认识的长辈都应如此。

　　④乙方不再跟同学比吃、比穿、比花钱、比气派，因为那都是爸爸妈妈给的，不是靠自己的努力挣来的，而是要比学习、比遵守纪律。甲方保证乙方穿着干净、得体，并不再强迫乙方穿某件衣服，对于乙方提出的购买零食、玩具方面的合理要求，甲方应尽力满足。

　　⑤对于别人提供的帮助，乙方要心存感激并衷心致谢。

　　⑥国旗、国歌、国徽是国家的象征，要尊重而决不能亵渎。

　　⑦乙方不得有意损坏公共财物和别人的物品，不小心弄坏的要承认错误，甲方会协助乙方予以赔偿。

　　⑧乙方在学校要遵守纪律，对于调皮捣蛋的同学的不正确做法，如果无法制止，也不能附和参与。

　　⑨本协议自甲乙双方签字后生效执行。

　　甲方（签字）　　　　　　　　　　乙方（签字）

　　　年　月　日　　　　　　　　　　年　月　日

合同执行要点：

①父母要引导孩子正确地评价自己和别人。孩子对各种道德现象的认识是很浅薄的，对人的道德评价往往以成人的评价为依据，所以家长对周围现象和行为的评价，要分清是非，善恶分明，给孩子留下爱憎分明的烙印。对于自己或他人的行为，先引导孩子去分析和评价，然后再对孩子的评价给以补充和纠正。比如在公园里看到有的孩子摘花，拿零食喂动物，就问："你看，他这样做对吗？"孩子会说："不对。"可以接着问："那为什么他这样做是不对的呢？"以此来引导孩子用所掌握的道德观念来进行分析。渐渐地，孩子就能独立地进行正确的评价。有了正确的评价就不难做出正确的举动了。

②要丰富孩子的道德情感。可以利用影视作品、书籍中良好的道德形象，引起孩子情感上的共鸣，应该经常运用孩子周围生活中具体的事情来感染孩子。

③父母还要注重训练孩子的道德行为。孩子的情感非常不稳定，容易冲动，自制力和坚持性差，所以孩子的道德认识常常和道德行为脱节。针对这种状况，家长要加强对孩子具体道德行为的指导和督促。家长对孩子作出的正确行为要不断赞美、强化，充分、及时地肯定和鼓励孩子的正确做法。看到孩子主动把玩具让给别人玩，就表示很赞同，并说："你做得很好，真是个好孩子！"看到别人在大街上随地吐痰，可以厌恶地对孩子说："真不讲文明！"父母这种鲜明的是非观，会给孩子留下深刻的印象。孩子以后遇到类似事情也会给出相同的评价，从而产生正确的价值观。

④要注意尺度的把握。家长在对是非善恶的把握上不能过分苛刻，要允许孩子犯错误，不能抹杀孩子天性中求知活力的一面，因为好孩子不是呆孩子。

5. 培养孩子关爱他人习惯的合同

一位儿童教育家说："只知索取，不知付出；只知爱己，不知爱人，是当前独生子女的通病。""自我中心"是爱心的大敌，为了不让孩子的爱心枯竭、泯灭，为人父母者不仅要爱孩子，更重要的是让孩子学会去爱别人。

刘涵玉是四年级的小学生，按照常理来说，她自己应该能做一些力所能及的事情。但是她洗头洗脚、扫地铺床、洗鞋袜、倒垃圾什么都不会做。平时爸爸妈妈都让她以学习为重，不敢让她分心。因此养成了她什么都不会做，什么都懒得做的毛病，更严重的是这让她从来不会主动去关心别人。

有一个星期日，刘涵玉的妈妈头痛发烧，病倒在床上了，没做午饭。刘涵玉从外面玩够了回来，见到妈妈这样，不但不讲一句关心、体贴的话，反而大喊："你为什么不做午饭？就知道躺在床上睡觉，难道你的肚子不饿，就不管我的死活了吗？要睡也要先给我做好饭菜再睡呀；要不，打电话叫爸爸回来给我做！"

妈妈实在病得昏昏沉沉，没力气起来。她只好给刘涵玉的爸爸打电话，刘涵玉加班的爸爸从单位赶回来给她做好了午饭，然后再急匆匆地赶回单位。

晚上，她妈妈和爸爸商量决定开个家庭会议。爸爸妈妈耐心地开导了刘涵玉，她最后认识到，妈妈病了，自己却没有给予一点关心，这样做是不对的。

刘涵玉的父母首先要让孩子自立起来，不能太过溺爱，以至于孩子认为父母做饭是应该的，对妈妈的病情不闻不问。让这样的孩子首先学会去处理自己的事务，不可一味地为其付出爱，要让她感受到并理解这种爱，才能懂得怎样关心别人。

孩子自私自利的根源于父母的私爱和溺爱，这种只管耕耘不问收获的父母之爱，培养出来的孩子很容易变成一个没有爱心、冷漠的人。

父母若不下点功夫培养孩子的爱心，将来孩子就可能使父母寒心，并可能带给父母无穷的哀伤、痛苦，特别是当父母年老时会更加悔恨。必须牢记，为国尽忠、为民立业、孝顺父母、友爱同伴、尊敬长辈和老师、对周围的亲友邻居有礼貌、遇到有困难的人尽力给予帮助，这是中华民族的优秀传统。父母自身的榜样作用是很重要的。如果父母没有理想追求，只知道喝酒、打牌，这样就无法去教育孩子约束自己，专心学习。如果父母在公共场合都表现出缺乏社会公德，就无法要求孩子做得更好。因此，父母要能和学校、社会携起手来，共同把孩子引导好、教育好。

培养爱心，首先要落实在平时的点滴行动中，更需要的是情感的熏陶和榜样的示范。读一些报刊上少年儿童为父母分忧、立志再艰苦也要完成学习的真人真事，特别要以父母本人的爱国敬业、关怀长辈和他人的行为去感染子女，让孩子汲取丰富的精神营养。同时，要扩大孩子的视野，让他们敢于面对现实和具体困难，乐于为父母分担责任。从家人的重病、下岗、遇盗、受灾中，进一步理解生活的多面性；从电视报刊上反映儿童少年被拐骗、上当、吸毒、犯罪等的事实中，逐步培养其判断是非、抵抗不良诱惑的能力。做父母的不必为患病、灾祸或下岗造成的经济拮据、生活质量下降等向孩子说谎、隐瞒，应使用孩子能够理解的语言向其说明情况，说明困难，共同分忧解难，使子女领悟人世间每一片面包都是要用汗水换来的道理，认识生活中的挫折，体验父母的爱心和抚养自己的艰难，从小懂得向别人奉献爱心的欢欣和快慰，知道战胜挫折、困难带来的成功感、自豪感。培养爱心，还要学会关心他人的本领。要在日常生活中经常以帮助他人为快乐，以会劳动、能负责为荣耀。例如承担适度的家务，主动帮爷爷浇花、喂鱼；给晾衣服的妈妈递衣架；父母对孩子良好的言行要给予微笑、鼓励，而不是物质允诺。

爱心应当是不图回报、不计代价的。有的父母拒绝和不准孩子参加家务或社区劳动，生怕减少了孩子看书、习字的时间，怕分了孩子的心，影响学习成绩，其实，如果安排得当，适量的劳动与专注的学习交叉进行，可以调节大脑不同区域的负荷，更有利于提高学习效率。认真负责的劳动态度、有条理的劳动习惯可以迁移为相同的学习态度和学习习惯，使孩子终身受益。

溺爱是父母与孩子关系上最可悲的事，用这种爱培养出来的孩子不会把爱献给别人一点儿。并不是孩子生来就缺少爱心，而是由于父母对孩子的溺爱、不注意教育方式等，把孩子的爱心在不经意间给剥夺了。培养孩子的爱心，要从孩子很小的时候抓起。父母要经常对孩子微笑，让孩子感受到父母对他的爱。父母要把自己看作孩子的伙伴，陪孩子游戏、聊天、学习，让孩子感受到家庭的温暖，感受到被爱的幸福。父母是孩子的镜子，父母要富有爱心。只有富有爱心的父母，才能培养出富有爱心的孩子。孩子时时刻刻把父母作为自己的榜样，父母的一言一行都在潜移默化地影响着孩子。因此，父母平时就要注意自己的言行举止，父母首先要做到孝敬自己的老人、关爱家人、乐于助人。这样孩子就会觉得父母是富有爱心的人，他们自己也会自然而然地做一个富有爱心的人。

附：爸爸妈妈跟孩子签订的爱心合同

甲方：爸爸妈妈

乙方：

乙方认识到只关心自己、不关心别人是不对的，只有大家互相关心，都奉献自己的爱心，世界才会更美好。为了进一步培养乙方的爱心，甲乙双方签订如下协议：

①甲方会一如既往地关心、疼爱乙方，乙方保证孝敬爸爸妈妈，感激妈妈每日的操劳。如果爸爸妈妈有病了，乙方会给他们应有的关心。双方要互

相体谅。

②乙方保证为爸爸妈妈分担一些家务活，自己的事自己做，不给别人添麻烦。学会自己洗头、洗脚、扫地、铺床、倒垃圾、洗鞋袜等事情。

③乙方要和小伙伴友好相处，遇到同学伙伴有烦恼或者生病时，应积极打电话或前去问候。

④乙方会珍惜妈妈做饭、洗衣等家务劳动，体会其中的艰辛，说些温暖安慰的话语。

⑤当爸爸妈妈外出回家时，乙方要为他们做些拿拖鞋、搬椅子、端茶水、送报纸、递眼镜等小事。

⑥遇到家中长辈生病时，乙方能给他们唱歌、讲故事、捶捶背、摸摸胸等，并把自己最爱吃的东西给他们吃。

⑦如果看到可口的水果、香气扑鼻的鸡鱼肉蛋时，乙方不会独吃独占，要与爸爸妈妈一起分享饮食。

⑧乙方会常常帮邻居老爷爷拿牛奶、传信件、送书报。

⑨小区里组织的爱心捐献活动，甲方会积极参加，并带乙方一起参加。

⑩家里养的鲜花开放时，乙方会约同学一起来观赏，有可能时带到学校给老师观看。

本合同自双方签字后生效执行。

甲方（签字）   乙方（签字）

年　月　日   年　月　日

合同执行要点：

①父母培养孩子的爱心，可以采取多做有益游戏，多看益智图书的方法。孩子喜欢做一些趣味游戏，就为他们设计一些表达爱心的游戏来吸引他们，让他们开阔视野，学到更多的知识，懂得真善美。

②让孩子多与人交往，拓展交往空间。爱心，是在交往中建立起来的。孩子就像一张纯洁的白纸，要让他们学会多与人交往，从交往中学到东西，孤独的孩子容易产生心理上的障碍，甚至患上孤独症。父母是孩子的第一监护人，父母要重视多教育，善于引导孩子。

③作为父母，要高度重视自己孩子的日常生活习惯与学习情况，善于发现孩子身上的闪光点，多加表扬，让他们的爱心行动得到鼓舞。

④父母要注重言传身教，大人们就要做出有爱心的行动。大人们的举手投足，都会给孩子留下深刻的印象。培养孩子成为一个有爱心的人，言传身教更有说服力。

6. 培养孩子感恩意识的"懂事"合同

感恩之心是一种美好的感情，没有一颗感恩的心，孩子永远不能真正懂得孝敬父母，理解帮助他的人，更不会主动地帮助别人。凡事习惯于感恩，就会使孩子拥有平和的心态和健康的心理；习惯于感恩，当孩子遇到种种失败、无奈时，都能勇敢地面对，豁达地处理；习惯于感恩，能诠释生命中的挫折与不幸，创造生命中的奇迹。

邓女士的儿子郑洋已经上小学四年级了，或许是遗传他爸爸的基因，郑洋长得比同龄孩子高出半头，加上他的浓眉大眼和一幅大大咧咧的性格，活脱脱一个小霸王的形象。但奇怪的是，在老师、家长、邻居眼中，郑洋是一个特别懂事的孩子。说起郑洋对他爸爸妈妈小大人似的关心和体贴，邓女士的同事们都羡慕不已，大家纷纷向郑女士取经。

邓女士笑着说:"其实也没什么,重要的是要让他有感恩的意识,咱们做父母的不能对孩子除了疼爱还是疼爱,只是一味地付出,让孩子觉得你的无休无止的付出和他的无休无止的索取都是理所当然的。现在孩子小还好说,等他带着这种意识长大成人后,就有咱们好看的了。"

确实,对于家长工作中的辛苦,邓女士和丈夫都有意识地让郑洋看到,在自己劳累的情况下,郑洋能干的事情就尽量让他代劳。同时,工资收入等情况也都让郑洋了解,让他知道他买东西花的钱不是从天上掉下来的。平常看电视看到相关话题的节目,邓女士与丈夫也是不失时机地向郑洋灌输从身边的人和事做起、懂得感恩的观念。

邓女士很欣慰,自己的努力没有白费。

现代孩子在父母无微不至的呵护与关爱下,所有的事情都不去干,在潜意识里就形成了——父母所做的一切都是应该的,不用回报。有些父母对孩子不知感恩不以为然,他们认为孩子还没长大,以后长大了自然会懂得的,这样就形成了一种现象:父母为孩子任劳任怨,孩子却毫无感激之情,甚至还认为是应该的。尊老爱幼、孝敬父母作为良好道德修养的重要组成部分被忽视了,父母的付出、外来的帮助和关怀在孩子眼里变得理所当然,谈不上什么感恩。孩子不懂得爱父母,更不会体会到父母的辛苦,一旦孩子的要求得不到满足,就会怨恨父母。所以,父母如果爱孩子,就要让他们从平常的生活小事中感觉到爱,在爱中领略被爱。当孩子渐渐长大,在遇到困难和挫折时,才会怀有一颗感恩的心。感恩是一种爱的表达,可以使人感到愉悦和温暖。让孩子拥有一颗感恩的心,学会感恩,就不会一味地怨天尤人,才有信心去面对生活的挑战。一个不知感恩父母的人,就更不可能感恩别人。

感恩是一种生活态度,是一种品德,是一种习惯。"滴水之恩当涌泉相报"。那么父母对子女的涌泉之恩就可以不报了吗?"施恩不图报"是施恩者的美德,"知恩图报"是受恩者做人的良知。"谁言寸草心,报得三春晖",

报恩是报不过来的，但知恩图报是起码的，要让孩子在心里保有一份爱，父母怎么爱他们，他们就应该怎么爱父母。

要让孩子真正学会"感恩"，就要让他们懂得尊重他人。"感恩"是尊重的基础。对他人的帮助时时怀有感激之心：对父母怀有感激之心，牢记父母的养育之恩；对老师怀有感激之情，牢记老师的教育之恩；对周围的人怀有感激之情，牢记他人的知遇之恩，向他们道一声"谢谢"，这些都是一种感恩心态的体现。

附：爸爸妈妈跟孩子签订的感恩合同

甲方：爸爸妈妈

乙方：

感恩就是对别人的付出心存感激，有感恩心的孩子才是懂事的孩子，乙方愿意做这样一个懂事的孩子，为此双方签订如下协议：

①乙方应体贴、尊重甲方，孝敬祖辈，经常打电话问候他们。

②甲方买学习用品及礼物送给乙方时，乙方应使用"谢谢"来表达感激之情。

③乙方不应对甲方提出超越家庭实际收入状况的要求。

④乙方应在节庆日子里向甲方及家庭其他长辈表达真挚的问候。

⑤乙方有什么需要应同甲方协商，不能为达到自己的目的而无理取闹。甲方有责任向乙方说明不能满足其要求的理由。

⑥乙方能做的事要自己做，应理解甲方的辛劳。

⑦乙方承诺在与他人相处中，对于别人的帮助要真诚致谢。

⑧乙方不得以哭闹、不吃饭等方式来要挟甲方达到自己的目的。

⑨在甲方劳累的时候，乙方要自觉地为甲方做搬椅子、倒洗脚水、捶背等一些力所能及的事。

⑩乙方要帮助甲方做些家务，如洗碗、擦地板等。

本合同自双方签字后生效执行。

甲方（签字）   乙方（签字）

　年　月　日   　年　月　日

合同执行要点：

①在父母与孩子签订了合同以后，要督促双方坚决执行，并且在施行当中不断地完善其中的内容。当孩子顶撞父母时，父母要注意聆听孩子说了哪些话，多去理解和宽容孩子，只有站在孩子的角度，分析孩子的真实想法，再去进行坦诚的教育和说服，孩子才会主动放弃不合理的要求，接受父母的意见。

②父母更应该以身作则，在要求自己的孩子怀有感恩之心的同时，对于家中的长辈要怀有一颗感恩、孝顺之心。对于孩子所表达出来地对父母的爱，应给予积极的肯定。感恩不能只局限于对父母的感恩，还要培养孩子对老师、同学以及对帮助过他的、为他付出过的人怀有感恩之心。从多方面展开感恩教育，让孩子从感恩父母开始，学会关心身边的人。

③孩子以自我为中心，没有责任感，很少会考虑到别人，更不可能客观地看待问题。父母应当教育孩子待人处事持"实事求是"的态度，启发孩子站在别人的位置上考虑问题，设身处地为别人着想。在生活中，父母更要鼓励孩子帮助那些需要帮助的人。如果别人有事相求，孩子又可以帮得上忙，就让孩子帮别人一下。如果经济条件允许，父母还可以教育孩子做一点力所能及的捐款活动，以帮助那些生活更加困难的人，养成乐善好施的美好品德。通过实际生活的锻炼和父母的指点，孩子渐渐就会懂得"感恩"。

④培养孩子对家庭的责任感，指导孩子承担一定的家务劳动，体验父母的辛劳，使他更加珍惜家庭生活的幸福。